Dietmar Strauch

Ihr Mut war grenzenlos

Widerstand im Dritten Reich

W0180146

EIN **GULLIVER** VON **BELTZ & GELBERG**

www.gulliver-welten.de
Gulliver 1086
© 2006, 2008 Beltz & Gelberg
in der Verlagsgruppe Beltz · Weinheim Basel
Alle Rechte vorbehalten
Weitere Rechtsauskunft im Anhang
Neue Rechtschreibung
Markenkonzept: Groothuis, Lohfert, Consorten, Hamburg
Einbandgestaltung: Max Bartholl
Einbandfoto: © George J. Wittenstein (Hans Scholl, Sophie Scholl,
Christoph Probst, München 1942)
Gesamtherstellung: Druck Partner Rübelmann, Hemsbach
Printed in Germany
ISBN 978-3-407-74086-1
1 2 3 4 5   12 11 10 09 08

Inhalt

Vorwort
Seite 7

»Der Hitlerismus ist Gift für die deutsche Seele.«
Carl Friedrich Goerdeler (1884–1945) und der bürgerliche
Widerstand 13

»Ich habe den Krieg verhindern wollen.«
Georg Elser (1903–1945) und das Bürgerbräu-Attentat 44

»Ein jeder ist schuldig, schuldig, schuldig!«
Die Geschwister Scholl (1918/1921–1943) und die
Weiße Rose 73

»Aus uns macht man keine Soldaten.«
Swing-Jugend und Edelweißpiraten.
Bartholomäus Schink (1927–1944) 104

»... dass mir als Jude Unrecht geschieht.«
Die Gruppen um Herbert Baum (1912–1942) und der
jüdische Widerstand 133

»Und ich habe Deutschland so geliebt.«
Mildred Harnack-Fish (1902–1943) und die
Rote Kapelle 150

»Ich habe geschwiegen, wo ich hätte reden müssen.«
Martin Niemöller (1892–1984) im christlichen und
kirchlichen Widerstand   173

»Das Attentat muss erfolgen.«
Claus Schenk Graf von Stauffenberg (1907–1944) und der
20. Juli 1944   194

Zeittafel   222
Bibliographie   231
Quellenverzeichnis   234
Bildnachweis   240

Vorwort

Das Recht auf Widerstand hat sich in Europa seit über 2.000 Jahren entwickelt und ist als Teil der politischen Kultur anerkannt, wenn auch oft umstritten. Im alten Griechenland, dem Geburtsort der Demokratie, wurden die Tyrannen – selbst ernannte Herrscher mit Unterstützung bewaffneter Macht – als unrechtmäßig betrachtet, da sie sich gegen die Rechte des Volkes vergingen. Die Tyrannenmörder Harmodios und Aristogiton, die 514 v. Chr. den Tyrannen Hipparch ermordeten, galten daher als Begründer der Freiheit.

Unrechtmäßig empfundene Herrschaft führte in der Geschichte oft zu Widerstand in den verschiedensten Formen: als private und weitgehend risikolose innere Abkehr, als Kritik und Protest oder als passiver Widerstand. Der aktive, organisierte politische Widerstand dagegen mit Aktionen wie dem Verteilen von Flugblättern, der Sabotage bis hin zum Attentat und Aufstand mit dem Ziel des bewaffneten Sturzes des Regimes ist, da von den Herrschenden als Hochverrat eingestuft, mit einem ungeheuren Risiko verbunden.

Die Erfahrungen während der Zeit des Nationalsozialismus haben dazu geführt, dass im deutschen Grundgesetz das Recht auf Widerstand ausdrücklich geregelt wird. In Artikel 20 heißt es dort zur freiheitlich-demo-

kratischen Grundordnung: »Gegen jeden, der es unternimmt, diese Ordnung zu beseitigen, haben alle Deutschen das Recht zum Widerstand, wenn andere Abhilfe
nicht möglich ist.«

Was sich in der Theorie gut anhört, birgt seine Tü-
cken in der praktischen Umsetzung. Denn im konkreten
Fall gehen die Meinungen darüber, was als Widerstand
einzuschätzen ist oder nicht, weit auseinander. Ob eine
bestimmte Aktivität als Friedens- oder Menschenrechts-
bewegung einzustufen ist oder aber als terroristische
Organisation, kann je nach politischem Standpunkt
durchaus unterschiedlich bewertet werden.

Betrachtet man die Geschlossenheit und das Erschei-
nungsbild des Dritten Reiches, einer Diktatur, die den
ganzen Menschen beherrschen wollte und mit Terror,
Folter und einem ausgefeilten Spitzelsystem agierte, mag
es verwundern, dass die Gesellschaft keineswegs so total
gleichgeschaltet war, wie es im Rückblick scheinen
mag. Die traditionellen ethischen Werte, die kulturellen
und religiösen Prägungen, der Wunsch nach Freiheit
lassen sich in einem so kurzen Zeitraum, wie er den Nationalsozialisten zur Verfügung stand, in einem Volk
nicht völlig auslöschen.

Trotz massiven Drucks war selbst 1941 die Mehrheit
der Deutschen noch nicht Mitglied der NSDAP oder
einer ihrer vielen Untergliederungen. Viele standen ab-
seits und lebten ihr eigenes »alternatives« Leben. Dies

hatte nicht unbedingt mit einem Wunsch nach Demokratie zu tun und drückte auch keine direkte Bereitschaft zum Widerstand aus, doch zeigen diese Außenseiter, dass das Regime nicht so geschlossen war, wie oft vermutet. Beobachtern im Berlin der Kriegszeit fiel auf, dass zumindest die einfachen Leute keine Kriegsbegeisterung zeigten und eine zwar undemonstrative, aber unverkennbare innere Distanziertheit zu den anmaßenden Parolen des Regimes zeigten.

Der aktive Widerstand fand allerdings wenig Rückhalt in der Bevölkerung, dennoch waren zu Beginn des Zweiten Weltkrieges etwa 300.000 oppositionelle Deutsche aus politischen Gründen in Gefängnissen oder in Lagern untergebracht. Mehr als 5.000 Widerständler mussten ihren Mut mit dem Leben bezahlen und weitere 15.000 Todesurteile wurden vollstreckt für Taten wie »Wehrkraftzersetzung« oder Desertion.

In diesem Buch werden Frauen und Männer im Widerstand gegen Hitler vorgestellt. Ihre Schicksale zeigen, dass der Widerstand gegen das unmenschliche und unrechtmäßige nationalsozialistische Regime in allen sozialen Schichten und allen politischen Lagern eine Basis hatte, wenn diese auch äußerst schmal war. Denn bittere Tatsache ist, dass der aktive Widerstand weitgehend ohne Widerhall und Unterstützung aus der Bevölkerung stattfand. Über die Gründe dafür ist schon viel gesagt und geschrieben worden. Das obrigkeitsstaatliche Denken in Deutschland, die unablässige Propaganda der

Nazis sowie die Einschüchterung durch Terror und das fehlende demokratische Bewusstsein verhinderten, dass der NS-Staat als Unrechtsstaat erkannt und bekämpft wurde.

Aber genau dieses Bewusstsein war es vor allem, das die Widerstandskämpfer auszeichnete, ihnen den Mut gab, Unrecht auch Unrecht zu nennen und entsprechend zu handeln. Von den rund 7.000 Personen, die namentlich als Widerstandskämpfer oder Oppositionelle bekannt sind, und von den vielen »unbesungenen Helden« können in diesem Buch nur einige wenige vorgestellt werden. Die Lebensgeschichte dieser Frauen und Männer zeigt ihre persönliche Motivation und die Konflikte, mit denen sich jeder auf seine Art auseinander setzen musste.

Nach der Machtübernahme Hitlers im Januar 1933 bildeten sich an vielen Orten Widerstandsgruppen. Aktiven Widerstand leisteten vor allem Kommunisten, die besonders hart verfolgt wurden, im Laufe des Jahres 1933 wurden mehr als 15.000 kommunistische Untergrundkämpfer verhaftet. Auch sozialdemokratisch orientierte Widerständler verteilten Flugschriften und malten Parolen an Häuserwände. Wer solche Tätigkeiten ausübte oder politisch Verfolgten half, musste mit Haft, Folterung, Einweisung in ein Konzentrationslager oder mit der Hinrichtung rechnen.

Sowohl in der katholischen als auch der evangelischen

Kirche gab es vereinzelt Widerstand. Zu nennen ist hier der Bischof von Münster, Clemens August Graf von Galen, der in seinen Predigten die nationalsozialistische Terrorherrschaft verurteilte und die Massentötungen behinderter Menschen als vorsätzlichen Mord brandmarkte. In der evangelischen Kirche war Pfarrer Martin Niemöller einer der konsequentesten NS-Gegner. Er gründete 1933 einen Notbund, aus dem später die Bekennende Kirche hervorging.

Nationalkonservative Oppositionelle und Angehörige des Bildungsbürgertums distanzierten sich von den verbrecherischen Methoden des NS-Regimes und bekämpften aktiv die von ihnen als Willkür und Unrecht empfundene Herrschaft. Ihnen gemein war die moralische Überzeugung, dass die Unmenschlichkeit des Systems nur mit einem Rechtsstaat und auf der Basis christlich-ethischer Überzeugungen überwunden werden kann.

Der Leipziger Oberbürgermeister Carl Friedrich Goerdeler wurde zum Mittelpunkt eines konservativ ausgerichteten Widerstandskreises, in dem sich nach und nach die Überzeugung von der Notwendigkeit eines Staatsstreichs durchsetzte. Menschen um Claus Schenk Graf von Stauffenberg und Goerdeler wirkten an den Vorbereitungen zum Attentat auf Adolf Hitler am 20. Juli 1944 mit und entwarfen Pläne für eine Regierung nach dem Sturz des NS-Regimes. Ihr Ziel war es, weitere Opfer zu vermeiden und den Kriegsgegnern zu zeigen, dass in Deutschland Menschen lebten, welche die Diktatur ablehnten.

Alle Widerstandskämpfer – ob sie bewusst gewaltfrei wie die Studenten der Weißen Rose handelten, ob sie wie Mildred Harnack-Fish Informationen weitergaben, ob sie verzweifelt, wie die Menschen um Herbert Baum, ein wenig Selbstbewusstsein behaupten wollten, ob sie als Jugendliche in Swing-Clubs das Regime herausforderten oder wie Georg Elser mit Gewalt ihr Ziel anstrebten – haben Großes geleistet und verdienen unseren Respekt. Alle mussten individuell Stellung beziehen, mussten persönlich entscheiden, welche Verantwortung sie tragen wollten. Die Chance, den Lauf der Geschichte maßgebend beeinflussen zu können, und das Risiko des Scheiterns lagen eng beisammen. Die hier aufgezeichneten Lebensgeschichten zeigen, dass niemand zum Widerstandskämpfer erzogen wird, aber dass jeder es werden kann, wenn das Gewissen es erfordert.

»Der Hitlerismus ist Gift für die deutsche Seele.«
Carl Friedrich Goerdeler (1884–1945) und der
bürgerliche Widerstand

Bei Carl Friedrich Goerdeler liefen die Fäden des zivilen Widerstands zusammen. Er war im Kaiserreich aufgewachsen und blieb sein Leben lang bürgerlich, konservativ, preußisch korrekt, national und gesetzestreu. Goerdeler war ein äußerst erfolgreicher Jurist und Beamter, ein typischer Vertreter des national eingestellten Menschen, der die Nationalsozialisten von innen her »zähmen« wollte.

Seine anfängliche Unterstützung Hitlers wich dem Abscheu vor Gewaltverbrechen und so wurde er zu einem der führenden Persönlichkeiten im Zentrum des deutschen Widerstands. 1938 lautete schließlich sein Urteil: »Der Hitlerismus ist Gift für die deutsche Seele. Hitler ist fest entschlossen, das Christentum zu zerstören … Nicht Gerechtigkeit, Vernunft und Anstand, sondern brutale Gewalt werden die Zukunft der Weltformen.«[1]

Wäre Stauffenbergs Attentat vom 20. Juli 1944 erfolgreich verlaufen und die Beseitigung der NS-Herrschaft gelungen, hätte Goerdeler Regierungschef werden sollen. Goerdeler wurde im September 1944 zum Tode verurteilt und schließlich am 2. Februar 1945 hingerichtet.

Seine Botschaft lautete: »Ich beging Hochverrat nach dem Gesetz, aber zur Rettung Deutschlands.«[2]

Am 31. Juli 1884 wird Carl Friedrich Goerdeler in Schneidemühl als Sohn des Amtsrichters Julius Goerdeler und dessen Frau Adelheid geboren. Schneidemühl, eine weitgehend ländlich geprägte Provinzstadt, liegt im heute polnischen Westpreußen. Julius Goerdeler ist dort ein angesehener Mann. Die Familie mit den fünf Kindern lebt behaglich in einem Beamtenhaushalt, wenn auch zu jener Zeit fließendes Wasser und elektrisches Licht noch fehlen. Carl Goerdeler erinnert sich: »Wir wohnten am Marktplatz, der, wie in allen Städten des Ostens, sehr groß war. Diente er doch dem Auftrieb des Viehs und bot damals der zweimal in der Woche stattfindende Markt Land- und Stadtbewohnern die erwünschte Gelegenheit, zu Kauf, Geschäft und Gespräch zusammenzukommen … Hinter dem Hause war ein gepflasterter Hof, dessen Rückseite von einem Pferdestall eingenommen wurde … Jene Gebäude dienten den ›Landschaftsherren‹ zum Einstellen ihrer Fuhrwerke. Meine Mutter benutzte Hof und Stall, um Hühner und Enten zu halten.«[3]

1890 wird der Vater als Amtsrichter nach Marienwerder versetzt. In dem Städtchen an der Weichsel und nahe der Marienburg leben viele Onkel und Tanten, die Großmütter, Kusinen und Cousins der weit verzweigten Familie Goerdeler; für ein fröhliches und lebhaftes Leben in Geselligkeit ist also gesorgt.

Als Carl in die Schule kommt, erlebt er noch eine Zeit, in der Lehrer zur Strafe Stockschläge auf die flache

Hand austeilen. Später erzählt er: »Die Autorität der Schule gegenüber dem Elternhaus war wesentlich größer als heute. Die Eltern dachten nur selten daran, ihre Kinder gegen Lehrer in Schutz zu nehmen; sie fühlten eine völlige Abhängigkeit der Zukunft der Kinder von dem Wohlwollen der Lehrer. Mir ging diese Einstellung zu weit, und ich halte sie für falsch. Noch heute wundere ich mich, daß mein Vater nicht eingriff, als ich, schon Student, Fritz [der jüngere Bruder] zu einem Glas Bier mitgenommen hatte, und der Direktor des Gymnasiums, der uns sah, an das Fenster des Lokals pochte, und meinem Bruder befahl, er solle nach Hause gehen. Ich war einfach empört, daß mein Vater dem Direktor nicht auf die Bude stieg, als dieser es wagte, an meinen Vater dieserhalb einen Warnbrief zu richten.«[4]

Vater Julius ist Anhänger der »Freikonservativen Partei« und zieht 1899 als deren Abgeordneter in den Preußischen Landtag ein. In dieser Partei, die sich auch »Deutsche Reichspartei« nennt, sind vor allem Agrarier, Industrielle und Beamte aktiv, Bürger, die den Reichskanzler Otto von Bismarck unterstützen, aber nicht völlig konservativ, sondern eher liberal eingestellt sind. Für sie sind die Ideale des »ruhmreichen Preußen«, obwohl 1871 im Deutschen Reich aufgegangen, immer noch die Richtschnur ihres Denkens und Handelns. In diesem Klima wachsen Carl und seine Geschwister auf und lauschen mit Spannung den Berichten des Vaters aus der großen Stadt Berlin.

Carl muss noch warten, bis er etwas von der weiten Welt sehen kann. Erst nach der Schule verlässt er seine Heimat. Zunächst beginnt er eine Ausbildung als Marineoffizier in Kiel, ein recht ungewöhnliches Berufsziel in der Familie Goerdeler. Das Deutsche Reich ist in dieser Zeit geradezu besessen von seiner neuen Flotte und Goerdeler träumt wie so viele andere von einer Weltmachtstellung. Allerdings hält seine Begeisterung nicht lange vor; bereits nach vier Wochen bricht er die Ausbildung ab, weil er sich das Leben in Uniform wohl doch anders vorgestellt hatte. Wie seine beiden Brüder studiert er nun Jura in Tübingen und Königsberg. 1905 besteht er das erste Staatsexamen mit der Note »befriedigend«, macht seinen Doktor und legt 1911 mit erst 26 Jahren die zweite Staatsprüfung ab.

In seiner ersten Stelle übernimmt er die Verwaltung in einer Bürgermeisterei, und zwar in der rheinischen Industriestadt Solingen, einer Hochburg der Sozialdemokraten. Mit 6.000 Reichsmark jährlich verdient er ein vernünftiges Gehalt und so kann er schon bald die Arzttochter Anneliese Ulrich heiraten. Ein Jahr später wird ein Sohn geboren.

Als im Sommer 1914 der Erste Weltkrieg beginnt, bedeutet dies für Carl Goerdeler einen tiefen Einschnitt in sein ruhiges Leben als Beamter. Zunächst wird er als Leutnant an die russische Front geschickt, wo er an zahlreichen Gefechten teilnimmt; er wird mit dem Eisernen Kreuz ausgezeichnet und zum Hauptmann befördert. Bis zum Ende des Krieges 1919 bleibt er im Osten, in Weißrussland und Litauen. In diesen von den Deutschen besetzten Gebieten organisiert er die Finanzverwaltung und erwirbt sich mit seiner Sachkenntnis und seinem Arbeitseifer viel Anerkennung als Fachmann. Bei seinem Umgang mit den Menschen ist nichts zu spüren von einer Überheblichkeit gegenüber den besiegten Völkern. In einem Bericht über Weißrussland schreibt Goerdeler: »Was dem Lande in Zukunft beschieden sein wird, steht dahin. Die Deutschen, die nicht in feindlicher Absicht kamen … wünschen dem Lande Minsk Segen auf seine Arbeit.«[5]

Er erlebt den verlorenen Krieg und die Unruhen, die dem Friedensschluss folgen, mit großer Besorgnis. Vor allem stören ihn die harten Bedingungen, welche die Sieger verlangen, um Deutschland künftige Kriegsgelüste auszutreiben. Im Sommer 1919 wird im französischen Versailles ein Vertrag abgeschlossen, der den Verlust der deutschen Kolonien und verschiedener ehemals deutscher Gebiete – auch Teile von Westpreußen – festlegt. Ferner werden die Möglichkeiten der Bewaffnung und Rüstung stark eingeschränkt. Besonders bedrückend empfinden viele Deutsche die wirtschaftlichen Bedingungen: Hunderte von Milliarden Goldmark sollen an die Siegermächte als Reparationen, als Entschädigung für Kriegsschäden, gezahlt werden. Die Erfüllung dieser Forderungen würde Deutschland – zumal nach dem Krieg ohnehin Not und Wirtschaftskrise herrschen – für Jahrzehnte zahlungsunfähig machen und die Deutschen in bittere Armut treiben. Viele Menschen in Deutschland betrachten diese Regelungen als unfair an und sprechen vom »Diktat von Versailles«.

Carl Goerdeler denkt darüber nicht viel anders, doch für ihn liegt die Schuld am Krieg auf der deutschen Seite – eine Tatsache, die viele Deutschen nicht wahrhaben wollen. Vielmehr entsteht die »Dolchstoßlegende«, die suggerieren will, dass linke und sozialistische Kräfte in der Heimat der »ruhmreichen und ungeschlagenen deutschen Armee« in den Rücken gefallen wären und somit die Niederlage verursacht hätten.

Goerdeler schreibt dazu: »Macht euch klar, daß diese Geschichte … eine Unwahrheit ist. Es ist so, daß die jahrelange Überspannung der Kriegsziele so sichere Hoffnung im Volk geweckt hatte, daß die plötzliche Offenbarung der Niederlage den Zusammenbruch erzeugte … Angesichts dieser Tatsache die Schuld auf die Heimatpolitiker abzuschieben … ist unwahrhaftig und unanständig. Die Führung hat den Zusammenbruch verschuldet, nicht ein Dolchstoß.«[6]

In dieser unsicheren Zeit zweifelt Goerdeler, ob er seine juristische Laufbahn fortsetzen soll. Auch die Arbeit in der Gemeinde Solingen macht ihn nicht mehr so recht zufrieden. Er schmiedet allerhand Pläne, bis hin zu dem Vorhaben, einen Bauernhof zu pachten. Mehr aus Sehnsucht nach der Heimat als ernsthaft bewirbt er sich als Zweiter Bürgermeister in Königsberg. Die Freude ist groß, als er tatsächlich und unerwartet gewählt wird, knapp vor dem sozialdemokratischen Kandidaten.

Wenn er auch zunächst von den linken Parteien in der Stadtverwaltung bekämpft wird, beflügelt ihn der Neuanfang in Königsberg. Er stürzt sich in die neue Aufgabe und setzt beachtliche Reformen durch, obwohl auch hier die Probleme gewaltig sind – viele Flüchtlinge leben in der Stadt, die Finanzlage ist kritisch. Er wird Mitglied der »Deutschnationalen Volkspartei« (DNVP), die das Erbe der Freikonservativen antritt. Doch trotz seiner konservativen Einstellung erwirbt er sich nach und nach das Vertrauen seiner politischen Kontrahenten oder zumindest deren Anerkennung.

Die Familie wächst; nach Ulrich und Christian werden in kurzem Abstand die Tochter Marianne und ein weiterer Sohn, Reinhard, geboren. Benigna, die Jüngste, folgt erst zehn Jahre später.

Die Hausfrau und Mutter Anneliese Goerdeler geht in ihren Aufgaben auf und ist ihrem Mann eine sehr erwünschte Gesprächspartnerin. Sie hatte – was ungewöhnlich für diese Zeit war – das Abitur gemacht und einige Semester Deutsch und Philosophie studiert. Ihr kann er sein Herz ausschütten und mit ihr die vielen Probleme seiner Arbeit diskutieren. Die Kinder sind ab und zu übermütig, doch auf »gute Manieren« wird Wert gelegt. In den großen Ferien im Juli und August fahren Eltern und Kinder an die Ostsee, wo die Großeltern ein Grundstück an der Steilküste zwischen den Dünen besitzen.

Die schöne Zeit in Ostpreußen endet 1930, als Carl Goerdeler zum Oberbürgermeister von Leipzig gewählt wird. Durch seine Tätigkeit in verschiedenen Verbänden sowie dem »Deutschen Städtetag« ist sein Ruf bis nach Sachsen vorgedrungen. Die Messestadt Leipzig mit ihren vielen Verlagen, Museen und Orchestern ist zwar eine erste Adresse in Deutschland, aber auch hier drücken die finanziellen Probleme.

Goerdeler arbeitet an Vorschlägen für eine neue Reichsverfassung, die der permanenten Geldnot in den Städten und Gemeinden ein Ende setzen soll. In den Jahren 1931 und 1932 wird er von Reichskanzler Heinrich Brüning, der ab 1930 eine bürgerliche Minderheitsregierung führt und mit Notverordnungen der Wirtschaftsmisere begegnen will, zusätzlich zum Reichskommissar für die Überwachung der Preise berufen. Brüning will mit strikter Sparpolitik, Festsetzung von Höchstpreisen und Lohnsenkungen die Krise bekämpfen, was allerdings die Massenarbeitslosigkeit weiter anwachsen lässt und den radikalen Parteien KPD und NSDAP weiteren Zulauf bringt.

Goerdeler geht noch weiter und entwickelt sehr autoritäre Vorstellungen: Er will die politischen Parteien in ihren Rechten einschränken und dem Präsidenten – zu dieser Zeit der monarchisch gesinnte Paul von Hindenburg – fast unumschränkte Rechte einräumen.

Er fordert: »Mehr Macht dem Reichspräsidenten« und will sogar eine »Diktatur über Jahre hinaus«[7] einführen. Mit dieser Meinung steht er nicht allein, viele konservative Politiker denken ebenso. Goerdeler arbeitet damit den Nationalsozialisten in die Hände, denn auch sie bekämpfen die Republik und rufen nach dem »starken Mann«.

Als Brüning im Mai 1932 gestürzt wird, ist das Ende der Weimarer Republik nicht mehr fern. Der neue Reichskanzler Franz von Papen will Goerdeler als Arbeitsminister in sein Kabinett holen, doch dieser lehnt ab. Ihm scheint der Versuch einer Regierung ohne Hitler aussichtslos, denn die Nationalsozialisten hatten bei der vorausgegangenen Wahl viele Sitze im Reichstag gewonnen (eine Steigerung ihrer Sitze von 9 auf 162 bei insgesamt 423 Sitzen). Die Regierung von Papen dauert nicht lange; wenige Monate später, im Januar 1933, wird Adolf Hitler Reichskanzler.

Sofort nach der »Machtergreifung« werden die Bürgermeister in vielen Städten entlassen und durch linientreue »Parteigenossen« ersetzt. Dieses Schicksal erleben zum Beispiel Ernst Reuter in Magdeburg oder Konrad Adenauer in Köln; nur vier Bürgermeister einer Großstadt in ganz Deutschland verbleiben im Amt. Einer dieser vier ist Carl Goerdeler, was umso erstaunlicher ist, da Goerdeler sich weigert, in die NSDAP einzutreten. Seine Schonung ist damit zu erklären, dass er durchaus mit vielen Zielen der Nazis einverstanden ist und wohl auch damit, dass er als Bürgermeister seiner Fachkenntnisse wegen hoch geschätzt wird. Goerdelers jüngerer Bruder Fritz, inzwischen Bürgermeister von Marienwerder, muss dagegen seinen Posten aufgeben, als er sich ebenfalls weigert, Mitglied der NSDAP zu werden.

Als die Nationalsozialisten Anfang März 1933 ihre Hakenkreuzfahne auf dem Leipziger Rathaus aufziehen wollen, kommt es zu einer ersten Machtprobe. Goerdeler weigert sich, seine Zustimmung zu geben, denn er hält nur die sächsische und die Leipziger Fahnen für rechtmäßig. Man handelt schließlich einen Kompromiss aus und Goerdeler erinnert sich später: »Man war außer sich, wagte es aber nicht, gegen mich aufzutreten.«[8]

Der im Frühjahr 1933 einsetzende Terror, der sich in der Verfolgung und Unterdrückung von Oppositionellen äußert, wird für Goerdeler ein erster ernsthafter Grund, die Politik der Nationalsozialisten in Frage zu stellen. Als im März in Leipzig rund tausend Personen – vor allem Kommunisten und Sozialdemokraten – verhaftet und in Konzentrationslager gebracht werden, setzt sich Goerdeler für die Inhaftierten ein und erreicht auch die Freilassung einiger Mitarbeiter seiner Stadtverwaltung. Er zeigt sich erstmals deutlich enttäuscht, dass die »nationale Revolution« keine Sache des Volkes ist, sondern erzwungen wird, »indem die SA mit Waffen erschien und Furcht verbreitete«.[9]

Am 1. April wird in ganz Deutschland der »Tag des Judenboykotts« inszeniert. Jüdische Geschäfte werden beschmiert, Juden verhöhnt und beschimpft. Goerdeler geht an diesem Tag demonstrativ in den Leipziger Stadtteil Brühl, wo sich das Zentrum des jüdischen Pelzhandels befindet, zeigt sich in einigen dieser Geschäfte und versucht, Plünderungen zu verhindern. Er lehnt die brutalen Methoden der Nazis ab, sie entsprechen nicht seinem Rechtsgefühl. Er glaubt, dass Gewalt und Krawall als Mittel der Durchsetzung politischer Ziele nur schaden. Vielleicht argumentiert er weniger aus grundsätzlicher Sympathie für die Juden, sondern als Bürgermeister seiner Stadt. Die Pelzindustrie und der Pelzhandel sind die einzigen noch einigermaßen ertragreichen Wirtschaftszweige; sie bringen Steuern ein und schaffen Arbeitsplätze. Für die Messestadt Leipzig sind sie außerordentlich wichtig als Aushängeschild für das Ausland und für den Export.

Bald wendet sich Goerdeler direkt an Hitler und schreibt: »Sicherung gewisser Grundrechte, wie des Eigentums, der Wohnung und der persönlichen Freiheit gegen jede nicht richterlich gedeckte Beeinträchtigung ist für die deutsche Art ein unerläßliches Erfordernis, um höchste Hingabe an Staat und Volk zu erzielen.«[10] Ob er sich von einem solchen Brief tatsächlich etwas verspricht, ist unklar, aber es zeigt doch seine Absicht, trotz aller Vorkommnisse weiterhin zu versuchen, »Schlimmeres zu verhindern«. Goerdeler arbeitet einen Gesetzentwurf aus, der den Städten ein weitgehendes Selbstverwaltungsrecht zugesteht. Dabei kooperiert er einerseits mit den Funktionären des neuen Staates, kritisiert aber gleichzeitig deren Wirtschafts- und Arbeitsmarktpolitik – ohne Folgen.

Als Goerdeler feststellen muss, dass seine Vorschläge zur Kommunalpolitik ohne Resonanz und ohne Erfolg bleiben, die Partei und der Staat hingegen immer stärker in die Gemeinden hineinregieren, kämpft er unermüdlich für seine Ideen, aber letztlich vergebens. Trotz vieler Kontroversen mit den Nationalsozialisten wird er 1934 erneut zum Reichspreiskommissar berufen. Hitler persönlich ernennt ihn und Goerdeler empfindet dies als Vertrauensbeweis. Da er an höchster Stelle einen guten Einblick in die Wirtschafts- und Finanzpolitik erhält, kann er vor Fehlern warnen und einen gewissen Einfluss gewinnen. Andererseits lassen seine Fähigkeit und Bereitschaft langsam nach, durch Vernunft und Zureden immer noch Gutes bewirken zu können.

Durch seine ständigen Vorschläge, Warnungen und immer erneute Kritik fällt Goerdeler bei Hitler in Ungnade und wird im Sommer 1935 als Preiskommissar entlassen. Dieser Vorgang findet weitgehend Beachtung; die im Exil in Prag arbeitende SPD – dort SOPADE genannt – schreibt in einem Bericht: »Die deutsche wirtschaftliche Entwicklung ist mit der Proklamation des neuen Vierjahresplanes in ein entscheidendes Stadium getreten. Es ist das Stadium der totalen Kriegsvorbereitung … In diesem Stadium überläßt das Regime die Wirtschaftspolitik nicht mehr bewährten Sachkennern wie Schacht und Goerdeler, sondern legt sie in die Hände ›alter Kämpfer‹ wie Göring.«[11] Goerdelers Grundsatz: »Wirtschaftspolitik ist Friedenspolitik«, lässt sich unter diesen Umständen nicht mehr ernsthaft vertreten und so ist seine Entlassung überfällig. Dass diese aber nicht wie üblich offiziell geschieht, sondern mehr oder weniger stillschweigend, kränkt Goerdeler zutiefst. Er wandelt sich nun vom Kritiker zum Oppositionellen. Sein Weg in den Widerstand beginnt.

1936 wird Goerdeler zwar noch einmal zum Oberbürgermeister von Leipzig gewählt, doch die Auseinandersetzungen mit den Nationalsozialisten spitzen sich zu. Ausgerechnet ein Denkmal wird zur Machtprobe.

Vor dem berühmten Konzertgebäude »Gewandhaus«, dem kulturellen Mittelpunkt der Stadt, steht eine Skulptur des Komponisten Felix Mendelssohn Bartholdy (1809-1847), der ab 1835 Leiter des Gewandhauses gewesen war. Dieser glänzende Pianist, Dirigent und Komponist war ein Mann, auf den Leipzig stolz ist. Den Nationalsozialisten jedoch ist das Monument ein Dorn im Auge; sie behaupten, ein Denkmal für den »Vollblutjuden« Mendelssohn Bartholdy sei ein öffentliches Ärgernis und gehöre daher abgerissen.

Goerdeler hatte im Rahmen seiner öffentlichen Ämter nicht offen gegen die »Judenpolitik« des Regimes protestiert, jedoch immer wieder klargestellt, dass er diese Rassenpolitik für falsch halte. Bereits 1934 hatte er Hitler leicht spöttisch zu erklären versucht, wie unsinnig die Absicht wäre, einen »arischen« Komponisten zu verpflichten, der die von Mendelssohn stammende Ouvertüre zum »Sommernachtstraum« neu schreiben sollte: »Wenn uns auf dem Gebiete der Kunst beispielsweise die Mendelssohnsche Komposition der Schöpfung nicht behagt, so sollen wir sie nicht aufführen, wir sollen aber nicht verkünden, daß sie aus rassenpolitischen Gründen durch eine andere Komposition ersetzt werden müsse. Wir können uns da auch argen Schlappen aussetzen, denn es wäre ja immerhin denkbar, daß kein lebender deutscher Komponist eine bessere Komposition zustande brächte.«[12]

Die Auseinandersetzungen ziehen sich über Monate hin, bis Goerdeler Mitte November 1936 von einer Finnlandreise zurückkehrt und feststellen muss, dass während seiner Abwesenheit das Denkmal gegen seine Anweisungen abgerissen worden ist. Goerdeler lässt sich zwar noch einige Tage Bedenkzeit, aber der Entschluss steht fest: Rücktritt. Am 25. November 1936 reicht er sein Gesuch ein und wird sofort beurlaubt. Am 31. März 1937 findet zu seinem Abschied eine Feierstunde im Festsaal des Rathauses statt. Goerdeler, der engagierte Politiker, ist nun 52 Jahre alt und muss eine Zukunft ohne Politik planen, sein Leben neu gestalten.

Goerdelers neuer Lebensabschnitt beginnt jedoch keineswegs mit Arbeitslosigkeit. Er bekommt sofort eine Tätigkeit angeboten, die ihn mehr befriedigen wird als die ständigen Streitereien mit den Nationalsozialisten. Die Industriellen Robert Bosch und Gustav Krupp von Bohlen und Halbach sind mit Goerdeler befreundet oder zumindest gut bekannt. Um sich seines Sachverstands zu bedienen, bieten sie ihm hochdotierte Posten an. Er soll zunächst in den Vorstand des Krupp-Konzerns eintreten, was Hitler allerdings wegen Goerdelers »abweichender Ansichten« verhindert. Schließlich erhält er von beiden Konzernen Beraterverträge und fungiert nun als eine Art inoffizieller Außenminister der deutschen Industrie. Er unternimmt zahlreiche Reisen, beispielsweise nach Großbritannien, Frankreich und in die USA, um sich einerseits ein eigenes Bild von der Wirtschaft und Politik im Ausland zu verschaffen, andererseits dort von den wirtschaftlichen Sorgen und politischen Problemen in Deutschland zu berichten.

Obwohl der industrielle Hintergrund von Goerdelers neuer Tätigkeit problematisch ist – Bosch und Krupp sind als Rüstungskonzerne tief in die Kriegsvorbereitungen Hitlers verstrickt –, kann Goerdeler mit diesem Widerspruch wohl leben oder er verdrängt ihn. Trotzdem werden seine Berichte zu politischen Fragen immer kritischer. Einem englischen Freund schreibt er 1937: »Hitler erlag dem Totalitätsanspruch … Sie [die NSDAP] hat als Partei den Fehler der Diktatoren gemacht: sie hat Macht verlangt, Macht zusammengerafft und Macht mißbraucht. Es ist unsere Aufgabe, zu verhindern, daß dieser Mißbrauch zum Schaden des deutschen Volkes führt.«[13]

Was die Situation der Juden betrifft, wird Goerde-ler nun deutlich. Als am 9. November 1938 überall in Deutschland die Synagogen brennen und die als »Reichskristallnacht« in die Geschichte eingegangenen Verfolgungen von Juden im Ausland für Empörung sorgen, äußert sich Goerdeler seinem englischen Gesprächspartner A. P. Young gegenüber eindeutig: »Deutschland wird von 100.000 seiner übelsten Ele-mente beherrscht, denen weder Moral noch mensch-liche Gesetze etwas bedeuten.«[14] Es gibt nun keinen Zweifel mehr, dass Hitler und seine Genossen in ihrem Wahn jedes Verbrechens fähig sind. Er will nicht mehr nur Beobachter sein, er wird nun aktiv.

Seine Freunde und Gesprächspartner im Ausland drängt er, die zurückhaltende Politik zu Hitlers Ver-halten aufzugeben und geschlossenes Handeln zu zeigen. Doch dafür ist der Zeitpunkt äußerst ungünstig: Als Hitler unter Brechung aller geltenden Verträge der Tschechoslowakei ein Ultimatum setzt und damit die Abtretung der überwiegend von Deutschen be-wohnten Grenzgebiete Böhmens, des Sudetenlandes, an das Deutsche Reich erzwingt, liegt in Europa Krieg in der Luft. Aber die Briten und Franzosen kommen nicht den Tschechen zu Hilfe, sondern verfolgen eine Politik des Appeasement, eine Beschwichtigungspolitik. Im Herbst 1938 wird im Münchener Abkommen zwischen Deutschland, Frankreich, Großbritannien und Italien das widerrechtliche Vorgehen Hitlers nachträglich legitimiert. Dieses Abkommen verhindert zwar zunächst einen Krieg, kann aber nicht die Kriegsgefahr bannen und wird somit zum Inbegriff falscher Nachgiebigkeit gegenüber der Aggression eines Diktators. Hitler denkt gar nicht daran, seine wahnwitzigen Pläne zur Eroberung »neuen Lebensraums« – wie er es nennt – aufzugeben, sondern marschiert kurz darauf in die Tschechoslowakei ein und entfesselt damit den größten Krieg, den die Menschheit jemals gesehen hat.

Die Beschwichtigungspolitik und das Münchener Abkommen werden als diplomatische Erfolge Hitlers gewertet und lähmen zunächst den Widerstand auf allen Ebenen. Die Aufrüstung und der damit bezweckte Wiederaufstieg Deutschlands zu einer Großmacht hatten zwar noch die Zustimmung der deutschen Generäle und Offiziere gefunden, doch angesichts Hitlers aggressiver Außenpolitik ab 1938 gehen viele Konservative wie Goerdeler und selbst Offiziere auf Distanz zum NS-Regime. Um die Zeit der Sudetenkrise 1938 waren erste Staatsstreichpläne entstanden. Verschiedene hochrangige Militärs wie Admiral Wilhelm Canaris, Stabschef Generalmajor Hans Oster sowie Generalstabschef Ludwig Beck hatten an Putschplänen gearbeitet, um den geplanten Krieg zu verhindern und Hitler zu verhaften. Nach dem Münchener Abkommen verlässt die Putschisten der Mut; Hitler erfreut sich einer wachsenden Popularität, und ein Staatsstreich würde in der Bevölkerung – so mutmaßen die Oppositionellen – auf kein Verständnis stoßen.

Goerdeler ist in diese Putschpläne wahrscheinlich nicht eingeweiht, aber zu jenem Ludwig Beck, den er schon seit Jahren kennt und der eine ähnliche Entwicklung wie Goerdeler durchgemacht hat – vom begeisterten Anhänger der neuen Machthaber hin zum kritischen Mahner –, nimmt er nun Kontakt auf. Die beiden Männer haben noch mehr gemeinsam: Beide hatten vor nicht langer Zeit aus Protest gegen die unerträgliche Politik ihren Rücktritt erklärt.

Mit Goerdelers Auslandsreisen ist es zu Beginn des Weltkriegs im September 1939 vorbei. Die deutschen Erfolge in den ersten Kriegsmonaten machen aussichtsreiche Aktionen gegen die NS-Führung ohnehin unmöglich. Nach den schnellen Siegen in Polen und Frankreich, der Besetzung von Dänemark, Norwegen, den Niederlanden und Belgien lässt der Siegesrausch bei der Bevölkerung Deutschlands keinerlei Resonanz oder Unterstützung für einen Umsturz zu.

Da konkreter Widerstand in dieser Situation keine Erfolgsaussichten bietet, weiten Goerdeler und Beck ihr oppositionelles Netzwerk systematisch aus. Noch wird wenig gehandelt, dafür aber viel diskutiert. Neben Beamten und nationalkonservativen Politikern wie dem Diplomaten und Botschafter in Italien Ulrich von Hassell, dem ehemaligen Finanzminister Johannes Popitz, der ebenfalls 1938 aus Protest gegen die Judenverfolgungen zurückgetreten war, Gelehrten wie dem Historiker Gerhard Ritter und dem Geographie-Professor Albrecht Haushofer stoßen auch die ehemaligen Sozialdemokraten Wilhelm Leuschner und Julius Leber sowie der christliche Gewerkschaftsführer Jakob Kaiser zu dem Gesprächskreis. Thema zahlloser Diskussionen und Debattierrunden ist die Zukunft nach Hitler. Wie soll eine neue Verfassung aussehen? Welche Gesellschaftsordnung ist anzustreben? Goerdeler verfasst eine Denkschrift nach der anderen, in der er seine politischen Überzeugungen formuliert.

Die konservativen Mitglieder dieses Gesprächskreises – viele darunter aus dem Adel – entwickeln ein Programm, das von einer tief sitzenden Angst vor der »Massendemokratie« ohne jegliche religiösen und moralischen Werte geprägt ist. Angesichts des Scheiterns der Weimarer Republik wird ein monarchisches, antimodernes und autoritäres Staatsbild entworfen. Das nimmt manchmal kuriose und groteske Züge an, wenn zum Beispiel der Regierungspräsident Fritz-Dietlof von der Schulenburg – wegen seiner Sympathien zur Arbeiterschaft der »Rote Graf« genannt – vorschlägt, die durch den Krieg zerstörten Großstädte nicht wieder aufzubauen, da sie ein Symbol der Massengesellschaft seien. Stattdessen sollen die Deutschen wieder ein Volk von Bauern und Landbewohnern werden.

Ein Einfluss von Sozialdemokraten und Gewerkschaftern ist in den Diskussionen zu einer neuen Verfassung kaum spürbar. Durch die schlechten Erfahrungen mit der Weimarer Republik, die in ihren Augen vollkommen versagt habe, räumen die konservativen Gesprächspartner einer parlamentarischen Demokratie nach westlichem Vorbild keine Chancen ein. Letzten Endes will man das Deutsche Reich wieder haben, nicht unbedingt das des Kaisers Wilhelm II., der sich schließlich als Kriegsabenteurer einen zweifelhaften Ruhm erworben hatte. Aber einen Staat, wie ihn der »Eiserne Kanzler« Otto von Bismarck repräsentierte, kann man sich sehr gut vorstellen.

Solch unterschiedliche Partner sind nicht immer einer Meinung. Es wird heftig gestritten, und das eigentliche Ziel eines Umsturzes gerät mitunter etwas aus den Augen, zumindest in der ersten Kriegszeit. Es ist Ulrich von Hassell, der den Blick für das Wesentliche behält. Er vermittelt unermüdlich zwischen den verschiedenen Positionen und versucht auch vorsichtig, modernere Vorstellungen zur Diskussion zu stellen. Im Februar 1940 will er einen Staatsstreich zur Ausschaltung Hitlers initiieren, der jedoch nicht zustande kommt. Goerdeler beteiligt sich an diesen Planungen und ist damit tief in den illegalen Kampf verstrickt.

Diese Tatsache hat Konsequenzen für sein persönliches und privates Leben. Der Staat überwacht misstrauisch alle Bürger, die sich in irgendeiner Weise kritisch äußern oder abweichende Positionen vertreten. Immer muss man damit rechnen, dass der Nachbar oder

der Kollege ein Spitzel und Denunziant ist. Eine Kampagne »Feind hört mit« wird inszeniert; selbst das Hören von ausländischen Radiosendungen steht unter Todesstrafe. Goerdelers Tochter Marianne berichtet, dass ihr Vater sich mit dem Radioapparat stets unter ein Kissen verkrochen habe, um den Nachrichten des britischen Senders BBC zu lauschen. Die Treffen der Gruppe finden niemals in Wohnungen der Beteiligten statt, sondern an geheimen Orten wie in Hinterzimmern von Gaststätten oder auf Parkbänken. Der Post kann man keine Briefe anvertrauen, also verbreiten zuverlässige und getarnte Kuriere die Botschaften. Unter diesen Umständen sind die Isolation, die Angst und die damit verbundene seelische Belastung enorm. So ergeht es auch Goerdeler, der mühsam das Netz zwischen Militärs, Bürgerlichen und Gewerkschaftsvertretern knüpft.

Vor allem sind es seine guten Beziehungen in das Ausland, die Goerdeler für den Widerstand nutzen will. Im Krieg kann er zwar nur noch über die neutralen Länder Schweiz und Schweden direkte Kontakte pflegen, aber von dort aus weiter nach England und in die USA – natürlich unter strengster Geheimhaltung. Die Verhandlungen mit ausländischen Partnern sind äußerst schwierig, denn offenes Reden ist gefährlich und die Anonymität muss gewahrt bleiben. Goerdeler verfasst seine Botschaften in Form von Flugblättern, die auf komplizierten Wegen die Ansprechpartner erreichen –

oder auch nicht. Jedenfalls ist die Verständigung sehr unvollkommen und manches Missverständnis ist vorprogrammiert.

Die Verschwörer wollen der Welt vor allem zeigen, dass es auch Deutsche gibt, die Hitlers Kriegswahnsinn nicht unterstützen. Goerdeler versucht, im Ausland eine gewisse Bereitschaft zu wecken, nach dem erwarteten Sturz Hitlers und dem Ende des Krieges milde Bedingungen für die Friedensverhandlungen zu stellen. Seine Hoffnungen stoßen allerdings auf Ablehnung und erweisen sich schnell als Illusion. Sein Vorschlag, die Westalliierten sollten von der Forderung nach einer bedingungslosen Kapitulation abrücken, wird mit Erstaunen aufgenommen. Denn so viel steht für Churchill und Roosevelt fest: Aufgrund des großen verursachten Leids und der vielen Millionen von Menschen, die durch den Krieg der Deutschen ihr Leben verloren haben, kann nicht einfach Frieden geschlossen werden. Deutschland muss ohne Wenn und Aber kapitulieren, und nur die Siegermächte werden bestimmen, wie es danach weitergehen soll. Kein Deutscher wird ein Mitspracherecht haben.

Indessen schlagen Haushofer, Hassell, Goerdeler allen Ernstes vor, Deutschland solle eine Großmacht bleiben, und Österreich, der polnische Korridor, ja selbst die deutschsprachigen Teile Elsass-Lothringens sollten weiterhin zu Deutschland gehören. Eine unverständliche Forderung für die westlichen Gesprächspartner, die nun ihrerseits Goerdeler und seine Mitstreiter verdächtigen, im Grunde die gleiche Position zu vertreten wie der NS-Staat. Es wird also nichts mit dem erhofften ausländischen Entgegenkommen, das möglicherweise die Erfolgsaussichten für einen Staatsstreich verbessert hätte.

Stattdessen gibt es hoffungsvollere Zeichen von Seiten der Militärs. 1941 und 1942 formiert sich der Widerstand neu, als jüngere Offiziere wie der Generalstabsoffizier Henning von Tresckow und Claus Schenk Graf von Stauffenberg Anschläge auf Hitler zu organisieren beginnen. Die Massenmorde und Verbrechen der deutschen Armee im Osten sowie die zunehmend kritisch werdende militärische Lage Deutschlands verstärken die aufkeimende oppositionelle Haltung innerhalb der Wehrmacht. Neue Töne sind zu hören; nicht mehr von Putsch und Verhaftung Hitlers ist die Rede, sondern vom Töten. Tresckow drückt es drastisch so aus: »Hitler ist ein tanzender Derwisch, man muß ihn totschießen.« Viele Soldaten haben jedoch schwere Gewissenskonflikte, die sie von einer Beteiligung an einem Attentat gegen Hitler abhalten, denn sie haben einen Eid auf den »Führer« Adolf Hitler persönlich geleistet. Auch bei den übrigen Widerständlern sorgt die Tötungsabsicht für Unruhe und weiteren Diskussionsstoff. Goerdeler jedenfalls ist aus moralischen Gründen gegen ein Attentat. Und somit kommen weder seine Putschpläne so richtig voran noch bringt ein Attentat des Militärs die Erlösung. Tresckow gelingt es zwar im

März 1943, eine Zeitbombe in Hitlers Flugzeug zu platzieren, doch der Zünder versagt.

Goerdeler verzweifelt fast angesichts der Fehlschläge, der Ungunst der Stunde, der Passivität der Bevölkerung. Langsam wird die Zeit knapp, denn die unausweichliche Niederlage zeichnet sich immer deutlicher ab. Unermüdlich wirbt er um Unterstützung für einen Putsch oder eine »Handlung«, wie er es nennt. An einen General schreibt er im September 1943 drängend: »Immer wieder habe ich mir die Auffassung überlegt, es müsse erst der psychologisch richtige Moment abgewartet werden. Wenn man darunter den Zeitpunkt versteht, in dem die Ereignisse Handlungen auslösen, dann fällt er mit dem Beginn des Niederbruchs zusammen; für eine politische Auswertung würde die Handlung dann zu spät kommen. Inzwischen wären unersetzliche Kulturwerte, die wichtigsten Wirtschaftszentren Trümmerhaufen, wäre die Verantwortung der militärischen Führer mit kostbaren Menschenleben überlastet. Deshalb darf das Nahen des ›psychologisch richtigen‹ Zeitpunktes nicht abgewartet werden, er muß herbeigeführt werden ... Die große Mehrheit des deutschen Volkes, fast die gesamte Arbeiterschaft, weiß heute, daß dieser Krieg kein gutes Ende nehmen wird. Demgegenüber scheint die Geduld des Volkes unerklärlich. Aber diese Perversität beruht nur auf der Tatsache, daß Terror, Geheimhaltung, Lüge und Verbrechen schützt.«[15] Und dem Generalfeldmarschall Hans-Günter von Kluge, einem der höchsten deutschen Soldaten, beschreibt er drastische Erlebnisse, um ihn zum Handeln zu bewegen: »Vor einer Woche vernahm ich den Bericht eines 18½ jährigen SS-Soldaten, der früher ein ordentlicher Junge war, jetzt mit Gelassenheit erzählen, daß es ›nicht gerade sehr schön wäre, Gräben mit Tausenden von Juden angefüllt mit dem Maschinengewehr ›abzusägen‹ und dann Erde auf die noch zuckenden Körper zu werfen‹. Was hat man aus der stolzen Armee der Freiheitskriege und Kaiser Wilhelms I. gemacht!«[16] Oft schließt er dann seine Briefe mit dem fast absurden Vorschlag, er werde versuchen, Hitler zu einem Rücktritt zu überreden.

Auch privat zeigt er Nerven. An seine Schwiegermutter schreibt er: »Ich bin sehr ungesellig geworden; dies Hin- und Herleben und das erbitterte Ringen um eine bessere Zukunft der Kinder machen mich leider für die Gegenwart wenig erträglich. Ich wundere mich manchmal selbst, wohin meine frühere Heiterkeit gegangen ist.«[17]

Zusammen mit Henning von Tresckow und Ludwig Beck plant Goerdeler weiter die Regierungsaufstellung für die Zeit nach dem Sturz des NS-Regimes. Goerdeler selbst ist dabei als Regierungschef vorgesehen, Beck als Staatsoberhaupt. Allerdings sind nicht alle Widerstandsgruppen derselben Meinung. Die jüngeren Widerständler beanstanden vor allem, Goerdelers Ansichten bedeuteten keine echte demokratische Erneuerung Deutschlands, sie brächten eher einen Rückschritt in aristokratische und autoritäre Zeiten. Und seine abenteuerlichen außenpolitischen Absichten lassen sich auf keinen Fall mit den Vorstellungen des sozialistischen Widerstands unter einen Hut bringen.

Auch in der Familie Goerdeler fordert der Krieg ein Opfer. Der zweite Sohn Christian wird vor ein Kriegsgericht gestellt, weil er 1942 im besetzten Frankreich die Geiselerschießungen nicht länger mit seinem Gewissen hatte vereinbaren können und einen kritischen Aufruf an seine Kameraden verfasste. Mit viel Glück kommt er mit einigen Wochen Arrest und einer Beförderungssperre davon, wird aber zur Strafe an die Front nach Russland geschickt. Dort verliert er zwei Monate später sein Leben.

Als Claus Schenk Graf von Stauffenberg im Oktober 1943 zum Oberst befördert wird und seine neue Stelle als Stabschef beim Befehlshaber des Ersatzheeres antritt, beginnt die letzte und dramatischste Phase des militärischen Widerstands. Anders als die meisten Offiziere hat Stauffenberg direkten Zugang zu Hitler und ist so bestens geeignet für die Ausführung eines Attentats. Denn nach den zunehmenden Niederlagen der deutschen Truppen und dem alltäglichen Bombardement auf die deutschen Städte zieht sich der »Führer« streng bewacht und hermetisch von der Umwelt abgeschirmt in sein Hauptquartier »Wolfsschanze« im tiefen Ostpreußen zurück, was einen Angriff auf Hitler nur schwer möglich macht.

Goerdeler und Stauffenberg treffen sich im Herbst 1943 zum ersten Mal. Stauffenberg versichert, er sei zu einem Gewaltakt gegen Hitler fest entschlossen. Gestartet wird das Unternehmen »Walküre«, der Deckname für das Attentat, das dann am 20. Juli 1944 stattfinden wird. Goerdeler wehrt sich zunächst noch, einer Tötung Hitlers zuzustimmen, denn er fürchtet eine neue Dolchstoßlegende. Doch schließlich muss er einsehen, dass kein anderer Weg möglich ist.

Die militärischen und zivilen Verschwörer sind sich einig, dass nach einem erfolgreichen Attentat Maßnahmen für die Übernahme aller wichtigen Stellungen im Staat und in der Verwaltung ergriffen werden müssen. Und so stellt man eine Liste von »Politischen Beauftragten« zusammen mit ihren jeweiligen Zukunftsaufgaben und ihrer Zuordnung zu einem eingeweihten Wehrmachtskommandeur. Solch eine Liste ist sicherlich notwendig, gleichzeitig aber äußerst gefährlich, sollte sie dem Gegner in die Hände fallen. Goerdelers Name steht auf dieser Liste.

Den ganzen Sommer 1944 bleibt ihm nun nichts anderes mehr, als zu Hause zu warten, ob und wann das Attentat endlich gelingt.

Am 15. Juli – Goerdeler ahnt oder weiß, dass der Anschlag kurz bevorsteht – verlässt seine Tochter Marianne mit den kleinen Kindern seines Bruders Fritz Leipzig. Die Stadt ist wegen der unablässigen Bombardements längst zu unsicher, in Ostpreußen rücken die russischen

Truppen unaufhaltsam voran. Wer weiß, wie es der Familie nach einem eventuell gescheiterten Anschlag ergehen würde.

Zwei Tage später erhält Goerdeler eine Warnung durch den Berliner Polizeipräsidenten Graf Helldorf, der auch in die Staatsstreichpläne eingeweiht ist. Obwohl vom Staatsstreich noch nichts bekannt ist, ist Goerdeler bereits hinreichend verdächtig, um für ihn vorsorglich einen Haftbefehl auszustellen; es ist nur eine Frage der Zeit, wann man ihn holen wird. Er verlässt seine Leipziger Wohnung mit unbekanntem Ziel und verabschiedet sich von seiner Frau lapidar: »Ich werde vielleicht längere Zeit nicht wiederkommen.«

Zunächst führt ihn seine Flucht nach Berlin, wo Freunde ihm raten, auf dem Land in der Nähe Berlins unterzutauchen. Für wenige Tage findet er dort Unterschlupf, dann ist er wieder in Berlin, wechselt täglich sein Nachtquartier. In Berlin erfährt er auch, dass Stauffenbergs Attentat gescheitert ist. Seinen 60. Geburtstag am 31. Juli feiert er im Untergrund mit wenigen Freunden, wahrscheinlich kein fröhliches Fest, denn ganz sicher ist inzwischen, dass Goerdeler keine Gnade erwarten kann: Die Namenslisten der Verschwörer sind gefunden worden.

Goerdelers Frau, seine Tochter Marianne und die Töchter von Bruder Fritz werden verhaftet und in Einzelhaft gehalten, können aber nichts verraten; sie besitzen keine Informationen. Am 1. August wird eine hohe

Belohnung für Hinweise zur Ergreifung Goerdelers – 1 Million Reichsmark – ausgesetzt. Er selbst ist inzwischen weitergeflüchtet nach Westpreußen, in seine alte geliebte Heimat. Ob er diese noch einmal wiedersehen will oder ob er sich erhofft, im Tumult der Ostfront nicht so schnell gefunden zu werden, ist unklar. Am 12. August wird er von der Buchhalterin Helene Schwärzel in der Nähe seiner ehemaligen Wirkungsstätte Marienwerder in einem Wirtshaus erkannt und verhaftet. (Helene Schwärzel erhält 1944 die Belohnung von 1 Million aus der Hand Hitlers, wird aber 1946 als Denunziantin zu sechs Jahren Zuchthaus verurteilt.)

Am 9. September 1944 erreicht Anneliese Goerdeler im Gefängnis die schreckliche Nachricht vom Todesurteil ihres Mannes durch den Volksgerichtshof. Aber sein Leidensweg in Einzelhaft wird noch lange dauern; die Gestapo will von ihm die Namen weiterer Verschwörer erpressen. Die psychische Zermürbung durch Schlafentzug, stets geöffnete Zellentüren und Dauerbeleuchtung bleibt ihm sicherlich nicht erspart. Besonders bedrückend ist für ihn die Nachricht, dass fast die gesamte Familie in Sippenhaft genommen ist. Er wird fast rasend, als er erfährt, dass seine beiden Enkel – der eine drei Jahre, der andere gerade einmal neun Monate alt – ihrer Mutter fortgenommen und in ein Heim gebracht worden sind.

Die ganzen einsamen Monate lebt Goerdeler in einer Einzelzelle in der Prinz-Albrecht-Straße in Berlin, der

Gestapo-Zentrale, ohne dass er Besuch oder Briefe erhalten darf. Das Einzige, was ihm bleibt, ist das Schreiben. Er verfasst Schriften zur Wirtschaftspolitik und Gemeindereform, viele Briefe, die nie abgeschickt werden, und sein Vermächtnis, die »Gedanken eines zum Tode Verurteilten«. Wie besessen schreibt er gegen die Todesangst an, jeden Tag die Vollstreckung seines Todesurteils erwartend. Insgesamt füllt er so 400 eng mit Bleistift beschriebene Seiten. Wie durch ein Wunder bleiben diese Texte erhalten; ein Gefängniswärter nimmt sie an sich und übergibt sie nach dem Krieg der Familie.

Kurioserweise wendet sich Himmler, der Reichsführer der SS und einer der Antreiber beim millionenfachen Massenmord an Juden, Polen und Russen, in der Haft an Goerdeler, um ihm aufzutragen, Pläne für den Wiederaufbau deutscher Städte auszuarbeiten. Himmler will – so berichtet es zumindest der Historiker Gerhard Ritter – möglicherweise Hitler ausschalten und bei den Westalliierten günstige Bedingungen mit Hilfe prominenter Regimegegner wie Goerdeler aushandeln.

Immer verzweifelter und selbstquälerischer werden Goerdelers Schriften. In seinen »Gedanken« versucht er, den nahen Tod zu bewältigen. Doch seine Botschaft an die Überlebenden bleibt optimistisch: »Nutzt unser Tun, nutzt diese Tatsachen, wie ich sie hier mitteile, um vor der Welt euch darauf zu berufen, daß es Deutsche gab, die alles wagten, um vom Vaterland und von anderen Völkern weitere Opfer und weiteres Unheil abzuwenden.«[18]

Nach fast einem halben Jahr in Haft wird Goerdeler schließlich am 2. Februar 1945 im Zuchthaus Berlin-Plötzensee hingerichtet, einer von 2.891 Menschen, die dort zwischen 1933 und 1945 ihr Leben verlieren. Zwei Tage vor seinem Tod bekennt sich Goerdeler nochmals zu seinem Tun und zu seinen Mitverschwörern: »Ich decke nicht das Attentat. Aber es tritt hinter dem, was an unserem Volke und anderen Völkern verbrochen ist, vollkommen zurück. In Wahrheit handelt es sich um einen großen, verzweifelten Versuch, das Vaterland und die Welt aus dem entsetzlichen Unglück zu retten, in das menschliche Schuld sie versetzt hat. Diejenigen, die diesen Versuch gewagt haben, sind keine Verbrecher.«[19]

Goerdelers Leiche wird nicht freigegeben, die Familie kann kein Grab für ihren verlorenen Mann, Vater, Groß-vater bestellen. Stattdessen erhält sie eine Rechnung über die Kosten der Hinrichtung – einschließlich der acht Zigaretten, die alle an der Hinrichtung beteiligten Wachleute als Sonderration bekommen.

»Ich habe den Krieg verhindern wollen.«
Georg Elser (1903–1945)
und das Bürgerbräu-Attentat

Georg Elser – der einsame Attentäter – gehörte zu keiner Gruppe oder Organisation, hatte keine Ideologie und keine politische Theorie. Doch für ihn gab es keinen Zweifel daran, welch großes Unglück die nationalsozialistische Herrschaft für die Menschen in Deutschland bedeutete und welch unermessliches Leid der von Hitler entfesselte Weltkrieg mit sich bringen würde. So nahm der einfache Arbeiter allein den Kampf gegen die Machthaber auf mit dem Ziel, Hitler zu töten und zugleich dessen berüchtigte Werkzeuge Göring und Goebbels.

Kein Attentäter, Widerständler oder Oppositionspolitiker kam näher an sein Ziel heran als Georg Elser. Wäre sein Attentat zu diesem frühen Zeitpunkt – der Weltkrieg war noch keine drei Monate alt – erfolgreich gewesen, hätte die Geschichte möglicherweise einen anderen Verlauf genommen. Doch das Attentat verfehlte Hitler um dreizehn Minuten.

Johann Georg Elser wird am 4. Januar 1903 als erster Sohn der 24-jährigen Maria Müller in dem kleinen Dorf Hermaringen auf der Schwäbischen Alb geboren. Georg ist ein uneheliches Kind, was damals nicht ungewöhnlich ist. Ein Jahr nach seiner Geburt heiratet sein Vater Ludwig Elser die Bauerntochter Maria und zieht mit der jungen Familie in den wenige Kilometer entfernten Ort Königsbronn. Dort baut er sich eine Existenz auf mit einer kleinen Landwirtschaft und einem Holzhandelsbetrieb.

Maria und Ludwig Elser leben so, wie sie es von ihren Eltern und Großeltern her kennen. Georg bekommt in Abständen von etwa zwei Jahren drei Schwestern und zwei Brüder, von denen allerdings einer früh stirbt. Als Georg zehn Jahre alt ist, muss er bereits schwer arbeiten und vor allem seiner Mutter helfen, auf deren Schultern die ganze Last einer Landwirtin und Hausfrau liegt.

Der kleine Bauernhof und der Holzhandel bringen nur ärmliche Erträge ein. In der Ehe der Elsers beginnt es bald zu kriseln. Der Vater meistert das Leben in Armut und den täglichen Kampf ums Überleben nur schwer und trägt das wenige Geld der Familie ins Wirtshaus. Wenn er dann spät nachts betrunken heimkommt, holt er Frau und Kinder aus dem Bett und schimpft und schreit. Die Probleme lassen sich aber nicht in Alkohol ertränken, Ludwig wird immer streitsüchtiger und aggressiver. Georg erinnert sich später an diese schwer belastete Kindheit: »Von meinem Vater habe ich überhaupt nur Schläge bekommen.«[1]

Auch als Georg eingeschult wird, erfährt er von seinem Vater weder Rücksicht noch Interesse. Der Vater steht auf dem Standpunkt, dass sein ältester Sohn vor allem in der Landwirtschaft mithelfen und später einmal den Holzhandel übernehmen solle, dafür benötige er keine guten Noten. Elser kann sich später nicht daran erinnern, dass seine Eltern ihn je nach seinen Schulzeugnissen gefragt hätten.

Als er 15 Jahre alt ist, beginnt er eine Lehre in einer Tischlerei. Hier hat Georg nun eine Tätigkeit, die ihm zusagt und Spaß macht. Als Möbeltischler hat er das Gefühl, seine Berufung gefunden zu haben, und erhält Anerkennung und Zustimmung. Von seinem Lehrlingslohn, der anfangs mit einer Mark pro Woche und später mit vier Mark sehr gering, für damalige Verhältnisse aber üblich ist, kauft er sich vor allem Werkzeug – Bohrer, Feilen, Hobel – und richtet sich im Elternhaus eine kleine Werkstatt ein. Mit 19 Jahren legt er – im Frühjahr 1922 – die Gesellenprüfung ab, wird sogar Bester seines Jahrgangs und ist endlich erfolgreich und zufrieden.

Georg Elser hat in seiner harten, lieblosen Kindheit und Jugend zwei Dinge gelernt: Abscheu gegen willkürliche Autorität, gegen Ungerechtigkeit und Herzlosigkeit, andererseits aber auch das Vertrauen in die eigenen Fähigkeiten. Er weiß und hat am eigenen Leibe erlebt, dass man trotz ungünstiger Voraussetzungen und Schwierigkeiten ein Ziel erreichen kann, wenn man nur beharrlich genug darauf hinarbeitet.

Georg bleibt ein Einzelgänger und zieht drei Jahre später »in die Fremde«, will »auf Wanderschaft« gehen, wie er sich ausdrückt. Es verschlägt ihn in die Gegend um den Bodensee, wo er verschiedene Aushilfsarbeiten annimmt, bis er in Konstanz in einer Uhrenfabrik eine feste Anstellung findet. Seine Arbeit besteht darin, die

Holzgehäuse für Standuhren anzufertigen, eine abwechslungsreiche, interessante, ja fast künstlerische Tätigkeit. Als die Firma 1929 in Konkurs geht, bekommt er bald darauf in einer anderen Uhrenfabrik in Meersburg, auf der anderen Seite des Bodensees, eine ähnliche Arbeit angeboten.

Zu seiner Arbeitsstelle pendelt Georg von Konstanz aus, wo er sich inzwischen gut eingelebt hat. Er kauft sich eine Zither und ist im Orchester des Trachtenvereins sowie im Zitherclub ein gern gesehener Spieler. Auch bei den »Naturfreunden« geht er ein und aus; dieser ursprünglich als Wanderbewegung gegründete Bund gehört zu den Arbeitervereinen, ist aber eher unpolitisch.

Georg ist zurückhaltend, meist still und wortkarg und äußert sich selten direkt zu politischen Themen. Diese Zurückhaltung scheint ihn für das weibliche Geschlecht attraktiv und anziehend zu machen. Hier ist ein junger Mann, der nicht wie die anderen das große Wort führt und sich nicht bei jeder sich bietenden Gelegenheit betrinkt. Georg hat mehrere Mädchenbekanntschaften und mit der Kellnerin Mathilde Niedermann eine leidenschaftliche Beziehung, die erste in seinem Leben. Im September 1930 bekommt Mathilde einen Sohn, der den Namen Manfred erhält. Georg sieht seinen Sohn zwar öfters in den ersten Lebensmonaten, dann aber immer seltener; die Beziehung geht in die Brüche. Georg muss fortan Alimente zahlen; er darf von seinem

Wochenlohn nur 24 Mark behalten, den Rest – falls noch etwas übrig bleibt – gibt er für den Lebensunterhalt seines Sohnes ab.

Die Möglichkeiten, eine gut bezahlte Arbeit zu finden oder zu behalten, werden immer spärlicher. Die in Deutschland und der Welt grassierende Wirtschaftskrise fordert ihre Opfer. Viele Firmen gehen in Konkurs, die Arbeitslosigkeit steigt rapide an. Auch die Uhrenindustrie gerät in diesen Strudel. Georg Elser kann nur noch mit Unterbrechungen Arbeit finden, lebt von Arbeitslosenunterstützung und gelegentlichen privaten Aufträgen. Immerhin kann er sich für 140 Mark ein Fahrrad kaufen und ist damit etwas beweglicher. So fährt er nun täglich in den kleinen Schweizer Ort Bottighofen, wo er eine Weile lang in einer Tischlerei vorübergehend arbeiten kann. Dabei lernt er den »kleinen Grenzverkehr« zwischen Deutschland und der Schweiz kennen; er muss seine rote Karte vorzeigen und kann dann die Grenze passieren.

Als er 1932 wieder einmal arbeitslos wird, erhält er statt seines Lohns von der Firma einige Uhrwerke. Er wird sie immer bei sich behalten und erst sieben Jahre später dafür eine Verwendung finden.

Die 1920er-Jahre in Deutschland sind als die »Goldenen Zwanziger« in die Geschichte eingegangen, als eine Zeit der Lebensfreude und Aussöhnung mit den ehemaligen Kriegsgegnern. Doch der Beginn nach dem verlorenen Krieg und der Flucht des Kaisers ist mehr als schwierig.

Die junge Republik – die »Weimarer Republik« – ist die erste auf deutschem Boden. Der neue Staat wird von vielen Deutschen nicht unterstützt; Demokraten aus vollem Herzen gibt es nur wenige. Stattdessen werden die Politiker als Verräter und Verbrecher geschmäht, »die Juden« zu Sündenböcken gemacht, politische Unruhen sind an der Tagesordnung. Die Wirtschaftskrise und das ständige Steigen der Arbeitslosigkeit führen zu sozialen Spannungen. Die unzufriedenen Menschen werden sowohl von der kommunistischen als auch von der rechtsnationalen Propaganda umworben; ihnen werden unrealistische Versprechungen gemacht. Die dauernden Angriffe der extremen linken und rechten Kräfte führen zu politischen Morden und Putschversuchen, welche die Regierungskoalitionen schwächen. Zudem erweist sich das Wahlrecht, das zu einer Zersplitterung der Parteienlandschaft führt, als starke Belastung.

Auf dem Höhepunkt der Inflation, als das deutsche Geld täglich an Wert verliert und man zuletzt für eine Billion Reichsmark nur noch einen Dollar erhält, sieht ein bisher eher unbekannter Volksverhetzer aus Bayern namens Adolf Hitler seine Chance, in die Politik einzugreifen. Er hat sich als »Volksredner« mit nahezu hypnotischen Fähigkeiten einen zweifelhaften Ruf erworben und sich als »Führer« der Nationalsozialistischen Deutschen Arbeiterpartei (NSDAP) für Ziele eingesetzt, die weithin Gehör finden: »Blut und Boden«, »Ariertum und Weltherrschaft«, »Rasse und Lebensraum« werden propagiert; ein Weg, der zu Unterdrückung, Terror und Verfolgung politischer Gegner ebenso wie von Juden, Sinti und Roma, Homosexuellen und hilflosen Geisteskranken führen wird.

Am Abend des 8. November 1923 inszeniert Hitler mit dem »Marsch auf die Feldherrnhalle« in München einen Putschversuch, der zwar zur Farce wird, ihn aber erstmals landesweit bekannt macht. Hintergrund des Putsches ist ein schwerer Konflikt zwischen der bayerischen und der Reichsregierung, der zu einem Bürgerkrieg auszuarten droht. Hitler und der legendäre stockkonservative Weltkriegsgeneral Erich Ludendorff, unterstützt von kaisertreuen Gefolgsleuten, wollen den bayerischen Generalstaatskommissar Gustav Ritter von Kahr zu einem »Marsch auf Berlin« bewegen. Von Kahr plant, am Abend des 8. November im Münchner Bürgerbräukeller bei einer Versammlung mit großer Prominenz zu reden. Hitler wird dazu nicht eingeladen, und so argwöhnt er, dass die »Nationale Revolution« ohne ihn stattfinden soll.

Als von Kahr abends zu reden beginnt, stürmt ein Stoßtrupp von Hitlers Anhängern schwer bewaffnet den Saal, Hitler im schwarzen Gehrock mit angeheftetem Eisernen Kreuz und einer Pistole in der Hand vorneweg. Er steigt auf einen Stuhl und schießt gegen die Decke. Dann brüllt er den verblüfften Versammelten entgegen: »Die nationale Revolution ist ausgebrochen. Der Saal ist von sechshundert Schwerbewaffneten besetzt.

Niemand darf den Saal verlassen. Wenn nicht sofort Ruhe ist, werde ich ein Maschinengewehr auf die Galerie stellen lassen. Die bayerische Regierung und die Reichsregierung sind abgesetzt, eine provisorische Reichsregierung wird gebildet, die Kasernen der Reichswehr und Landespolizei sind besetzt, Reichswehr und Landespolizei rücken bereits unter den Hakenkreuzfahnen heran.«[2]

Von Kahr und die anwesenden Minister ergeben sich schließlich, wenn auch unter Zwang. Hitler spricht zu der Versammlung und schließt mit den Worten: »Ich will jetzt erfüllen, was ich mir heute vor fünf Jahren als blinder Krüppel im Lazarett gelobte: nicht zu ruhen und zu rasten, bis die Novemberverbrecher zu Boden geworfen sind, bis auf den Trümmern des heutigen jammervollen Deutschland wiederauferstanden sein wird ein Deutschland der Macht und der Größe, der Freiheit und der Herrlichkeit. Amen!«[3] Die Menge jubelt und singt ergriffen die damalige deutsche Nationalhymne »Deutschland, Deutschland über alles«.

In der Nacht widerruft von Kahr seine Zustimmung zu diesem Putsch; Reichswehr und Polizei werden alarmiert. Von Kahr gibt eine Erklärung heraus, die NSDAP wird verboten.

Hitlers Niederlage steht am Morgen des 9. November fest. Mit einem Demonstrationszug will er trotzdem noch einmal die Stimmung zu seinen Gunsten wenden. Rund 3.000 seiner Anhänger marschieren vom Bürgerbräukeller aus zum Wehrkreiskommando in der Nähe der Feldherrnhalle. Dort hat sich Hitlers Anhänger Ernst Röhm mit einigen bewaffneten Männern verschanzt, von der Reichswehr belagert. Am Ende der Residenzstraße, in Nähe des Odeonsplatzes, steht Polizei mit erhobenen Karabinern. Es folgt ein heftiger Schusswechsel; nach nur einer Minute sind 14 Demonstranten und drei Polizisten tot.

Hitler flüchtet leicht verletzt zu Freunden und wird dort zwei Tage später verhaftet. Am Nachmittag werden bei einem weiteren Schusswechsel zwei weitere Putschisten erschossen, bevor der Rest kapituliert. Diese Aktion ist im Ganzen eher peinlich verlaufen, doch Hitler münzt die Blamage in eine heroische Niederlage um und seine Partei hat ihre Märtyrer.

Der Prozess wegen Hochverrats gegen Hitler, Ludendorff und ihre Komplizen wird zu einem Podium Hitlers. Er darf öffentlich erklären, dass er sich nicht als Hochverräter betrachte, sondern als ein Deutscher, der das Beste für sein Volk wolle. Er und drei Mitangeklagte werden zu milden fünf Jahren Festungshaft verurteilt; Ludendorff erhält einen Freispruch. Schon nach einem guten Jahr Haft in komfortabler Umgebung auf der Festung Landsberg wird Hitler begnadigt.

Nach der Machtübernahme 1933 wird die NS-Propaganda den Putsch zu einem wichtigen Schritt zur »Nationalen Revolution« stilisieren und in jährlichen Totenfeiern der Erschossenen gedenken. Am 8. No-

vember wird sich jeweils die NS-Prominenz im Bürgerbräukeller mit den Teilnehmern des Putsches treffen
und Hitler wird eine seiner Hetzreden halten. Der später
von Hitler allen Beteiligten verliehene »Blutorden« ist
eine der höchsten nationalsozialistischen Auszeichnungen.

Georg Elser hat von diesen Ereignissen sicherlich nur
am Rande Kenntnis genommen. Zu unbedeutend
scheinen noch die Nationalsozialisten, zu wirr ihre Vorstellungen und zu einflusslos ihr »Führer«. Doch das
sollte sich bald ändern.

Nach der Neugründung der NSDAP im Jahre 1925 –
ebenfalls im Bürgerbräukeller – geht Hitler den legalen
Weg über die Wahlen. 1928 erreicht seine Partei bei den
Reichstagswahlen lediglich 2,6 Prozent, doch nach
erfolgreicheren Ergebnissen bei Landtagswahlen und
immer gewalttätigeren Wahlkampfaktionen steigt die
Zahl der Parteimitglieder. Das Wahlergebnis im Herbst
1930 wirkt dann wie ein Schock: Mit 18,2 Prozent der
Stimmen wird die NSDAP zweitstärkste Fraktion im
Reichstag. Im Sommer 1932 sind es dann schon mehr als
35 Prozent und in Königsbronn erhalten die Nazis gar
satte 38 Prozent der Stimmen.

Am 30. Januar 1933 ist Hitler am Ziel. Zehn Jahre
nach dem schmählichen Ende seines Putsches wird er
zum Reichskanzler ernannt. Die konservativen Kräfte
hoffen noch, Hitler »zähmen« zu können, während die
Nationalsozialisten die »Machtergreifung« feiern. Und

das sind keine leeren Worte – mit unvorstellbarer Geschwindigkeit werden in wenigen Monaten die demokratischen Parteien, die Gewerkschaften, die Kirchen und auch die konservativen Kräfte ausgeschaltet, der Weg in den Terrorstaat beginnt.

Georg Elser lebt als Arbeitsloser wieder in Königsbronn und erfreut sich an bescheidenen Vergnügen; er nimmt an Ausflügen des Wandervereins teil oder spielt seine Zither bei bunten Abenden im Gasthof »Hecht«. Das Musizieren scheint ihm leicht zu fallen, denn er kauft sich sogar noch einen Kontrabass, um in der Tanzkapelle mitspielen zu können. Mit Elsa Härlen lernt er eine junge Frau kennen, in die er sich bald verliebt.

Bei politischen Diskussionen bleibt er zurückhaltend, aber seiner Sache ist er sich sicher. Er ist politisch links stehend, wählt die Kommunistische Partei, ohne Mitglied in dieser Partei zu sein. Er erhofft sich von einer linken Politik, dass die Lebensverhältnisse für Arbeiter verbessert werden. Elsa berichtet später von seinem schlichten Standpunkt: »Er sagte immer, man ist dafür oder dagegen.«[4]

Ende 1935 müssen Elsers Eltern wegen der angehäuften Schulden ihr Haus und die restlichen Grundstücke verkaufen. Georg findet ein Unterkommen bei seiner Geliebten Elsa Härlen, mit der er seine Sorgen erörtern kann. Elsa mag ähnlich fühlen, denn sie ist unglücklich verheiratet. Ihr Mann trinkt häufig und schlägt sie. Dass Georg bei den Härlens jetzt als Untermieter einzieht, erweist sich für Elsa und Georg bald als äußerst problematisch. Hermann Härlen vermutet längst ein Liebesverhältnis zwischen den beiden und ist entsprechend argwöhnisch und aggressiv.

Elser findet nach einigen Monaten der Arbeitslosigkeit Ende 1936 endlich wieder Arbeit als Hilfsarbeiter, wenn auch schlecht bezahlt und keineswegs seinen Fähigkeiten entsprechend. Aber ihm gefällt die Tätigkeit bei der Armaturenfabrik Waldenmaier in Heidenheim recht gut. Er ist für die Materialkontrolle zuständig und muss die eingehenden Lieferungen überprüfen. Dafür gibt es verstärkt privaten Ärger: Elsas Mann kündigt ihm das Zimmer und er steht wieder einmal auf der Straße. Ihm bleibt nichts anderes übrig, als in einer Dachkammer bei seinen Eltern zu hausen, die inzwischen ein Haus zur Miete bezogen haben.

Auch die Politik bedrückt ihn. Seine Abneigung gegen das Regime nimmt immer deutlichere Formen an. Er fasst es später so zusammen: »Nach meiner Ansicht haben sich die Verhältnisse nach der nationalen Revolution in verschiedener Hinsicht verschlechtert. So habe ich zum Beispiel festgestellt, daß die Löhne niedriger und die Abzüge höher wurden … Der Arbeiter kann z. B. seinen Arbeitsplatz nicht mehr frei wechseln, wie er will, er ist heute durch die Hitlerjugend nicht mehr Herr seiner Kinder, und auch in religiöser Hinsicht kann er sich nicht mehr so frei betätigen.«[5]

Das sind nicht die Worte eines Intellektuellen, sondern Beobachtungen, wie sie jeder machen kann.

Georg Elser ist also unzufrieden mit seinem Leben. Seine private und seine berufliche Situation sind geprägt von Problemen und Sorgen, und in der Politik ist für ihn auch keine positive Perspektive sichtbar. Er lebt in seiner Dachkammer und empfängt dort heimlich seine Geliebte Elsa, die inzwischen ihren Mann verlassen hat. Sein weniges Geld verdient er als Hilfsarbeiter, obwohl er sich doch als Kunsttischler versteht. Er grübelt über sich und die Welt nach, ohne einen Ausweg zu finden. In dieser Zeit wirkt er wie erstarrt; später weiß er darüber nur zu berichten: »Das ganze Jahr 1937 und ein großer Teil des Jahres 1938 verlief ohne Ereignisse oder Veränderungen.«[6]

Georg Elser findet keine Kraft für Entscheidungen. Eine Heirat mit Elsa wäre durchaus denkbar. Sie will sich scheiden lassen, ihre Eltern mögen ihn und bieten den beiden sogar eine Wohnung an, aber er zögert und zögert. Er wird immer mehr zum Eigenbrötler, zum Einzelgänger.

Es rumort monatelang in diesem Mann und endlich fasst er einen Entschluss, den gewagtesten und unwahrscheinlichsten seines Lebens. Er nimmt sich vor, Hitler zu töten, allein, ohne jede Hilfe. Warum? Seine Motive beschreibt er später so: »Die seit 1933 in der Arbeiterschaft von mir beobachtete Unzufriedenheit und der von mir seit Herbst 1938 vermutete unvermeidliche

Krieg beschäftigten stets meine Gedankengänge … Die von mir angestellten Betrachtungen zeitigten das Ergebnis, dass die Verhältnisse in Deutschland nur durch eine Beseitigung der augenblicklichen Führung geändert werden könnten. Unter der Führung verstand ich die ›Obersten‹, ich meine damit Hitler, Göring und Goebbels. Durch meine Überlegungen kam ich zu der Überzeugung, dass durch die Beseitigung dieser 3 Männer andere Männer an die Regierung kommen, die an das Ausland keine untragbaren Forderungen stellen, ›die kein fremdes Land einbeziehen wollen‹ und die für eine Besserung der sozialen Verhältnisse der Arbeiterschaft Sorge tragen werden … Der Gedanke der Beseitigung der Führung ließ mich damals nicht mehr zur Ruhe kommen.«[7]

Sein Entschluss steht fest, aber wie lässt sich ein Attentat auf einen der bestbewachten Männer Deutschlands durchführen? Da muss Elser sich nur auf seine Fertigkeiten besinnen: Er ist handwerklich geschickt, weiß mit Uhrwerken umzugehen, besitzt sogar einige Exemplare und auf seiner Arbeitsstelle werden neben Armaturen auch Zünder hergestellt und Zündpulver verarbeitet. Nun fehlt nur noch Sprengstoff, dann sind alle Zutaten für eine Höllenmaschine vorhanden. Zu klären bleiben noch die Fragen, wo und wann sein Anschlag stattfinden soll.

In der Zeitung liest Elser von dem bevorstehenden Jahrestreffen der »Alten Kämpfer« im Bürgerbräukeller.

Am 8. November 1938 fährt er mit dem Zug nach München, um sich dieses Spektakel aus der Nähe anzusehen. Abends schlendert er zum Versammlungslokal, das trotz seiner 3.000 Plätze bereits überfüllt ist. In den umliegenden Straßen harrt eine riesige Menschenmenge bis zum späten Abend aus, um vielleicht einen Blick auf den »Führer« und die übrige NS-Prominenz werfen zu können. Nach Ende der Veranstaltung leert sich der Bräukeller, Elser tritt ein und sieht sich in aller Ruhe um. Im »Bräustüberl« nimmt er ein Abendessen ein, trinkt ein Bier und geht grübelnd zurück in sein Nachtquartier. Am nächsten Morgen lässt er sich den Menschenzug zur Erinnerung an die »Gefallenen der Bewegung« von 1923 nicht entgehen und erlebt eine Inszenierung mit, wie die Nazis sie lieben: Fahnen überall, das Horst-Wessel-Lied, der zum »Deutschen Gruß« erhobene rechte Arm und pompöse Rituale.

Zurück aus München beginnt Elser mit der Umsetzung seines Vorhabens. In einem Jahr, bei der nächsten Jubelfeier im Bürgerbräukeller, soll es soweit sein. Bestärkt wird er in diesem Plan dadurch, dass die Sicherheitsmaßnahmen in der Bierhalle ausgesprochen lax gehandhabt werden; jeder kann dort ein- und ausgehen, ohne kontrolliert zu werden.

Nun hat Elser ein Ziel vor Augen, seine Lethargie ist überwunden; es ist nichts mehr zu spüren von seiner unentschlossenen Lebensart: »In den folgenden Wochen hatte ich mir dann langsam im Kopf zurechtgelegt, daß es am besten sei, Sprengstoff in jene bestimmte Säule hinter dem Rednerpodium zu packen und diesen Sprengstoff durch irgendeine Vorrichtung zur richtigen Zeit zur Entzündung zu bringen. Wie dieser Entzündungsapparat aussehen müßte, darüber war ich mir damals noch nicht im klaren. Die Säule habe ich mir deshalb gewählt, weil die bei einer Explosion umherfliegenden Stücke die Leute am und um das Rednerpult treffen mußten. Außerdem dachte ich auch schon daran, daß vielleicht die Decke einstürzen könnte. Welche Personen allerdings um das Rednerpult bei der Veranstaltung sitzen, wußte ich nicht. Ich wußte aber, daß Hitler spricht, und nahm an, daß in seiner nächsten Nähe die Führung sitze.«[8]

Da trifft es sich günstig, dass Elser auf seiner Arbeitsstelle ohne größere Schwierigkeiten Schwarzpulver und Zünder entwenden kann, das er dann zu Hause im Kleiderschrank versteckt. Als er genug davon angesammelt hat, kündigt er und bewirbt sich – es ist im April 1939 – als Hilfsarbeiter in einem Steinbruch. Die Einstellung klappt auch prompt, und, wie bestellt, liegt dort der Sprengstoff mehr oder weniger unbeaufsichtigt herum. Elser deckt sich reichlich mit Sprengpatronen ein; keiner dieser Diebstähle wird jemals bemerkt. Daheim versteckt er die Patronen in einem selbst gebastelten Geheimfach seines Koffers.

An Ostern fährt er noch einmal nach München, macht einige Fotos vom Bürgerbräukeller, skizziert die

Säule am Rednerpult, misst sie mit einem Zollstock aus und vermerkt alles genau in seinem Notizbuch.

Zu Hause gibt es wieder einmal Streit mit den Eltern, und so zieht er nun endgültig aus und wohnt in Schnaitheim zur Untermiete. Vielleicht verlässt er aber auch deshalb seine Familie, um sie nicht als Mitwisser zu gefährden und vor lästigen Fragen sicher zu sein. Denn dass er ständig nachts im Keller herumwerkelt, bleibt natürlich nicht verborgen. Als ihn seine neuen Wirtsleute darauf ansprechen, beruhigt er sie mit der Auskunft, er arbeite an einer wichtigen Erfindung; erst wenn er ein Patent habe, dürfe er darüber sprechen.

Im Steinbruch muss er nur drei Wochen arbeiten, dann hat er mehr als genug an Sprengstoff zusammen. Die gesamte Zeit im Sommer 1939 widmet er sich einzig und allein nur einem Ziel – seiner Bombe. Er baut Modelle, macht damit Sprengübungen im Garten und tüftelt an den Details, zeichnet Skizze um Skizze. Am 5. August fährt er wieder nach München, diesmal wohl wissend, dass es ein Abschied für lange oder immer werden wird. Er hat zwei Koffer bei sich, in dem sich seine Kleidung, aber vor allem die Materialien für die Höllenmaschine befinden: 250 Pressblättchen Schwarzpulver, 150 Sprengpatronen, 100 Sprengkapseln, 5 Uhrwerke, 1 Batterie, Hämmer, Meißel, Zangen, Bohrer.

In München kommt er mit 400 Mark Ersparnissen an, nimmt sich ein möbliertes Zimmer, vertrödelt den

Tag und begibt sich gegen Abend an seinen »Arbeits-platz«: »An den Tagen, an denen ich nachts im Bürger-bräukeller gearbeitet habe, begab ich mich jedesmal zwischen 20–22 Uhr in den Wirtschaftsraum des Bürgerbräukellers, um dort mein Abendbrot einzu-nehmen. Ich nahm dort regelmäßig an dem mittleren Tisch des Wirtschaftsraumes Platz, aß nach der Karte und habe jedesmal ein Glas Bier getrunken … Ich ver-ließ anschließend den Wirtschaftsraum, begab mich von da aus durch den Garderobenraum in den nicht ver-schlossenen Saal … In dem erwähnten Versteck hielt ich mich so lange auf, bis der Saal abgesperrt worden war.«[9]

Es läuft alles hervorragend; Elser, der sonst im Leben mehr Pech als Glück gehabt hat, stößt auf so gut wie keine Probleme oder meistert sie spielend. Von seinem Abendessen hebt er immer ein Stück Fleisch auf und be-sticht damit den Hund des Nachtwächters, und wenn man ihn anspricht, findet er irgendeine Ausrede. Nach seiner Nachtarbeit gegen sieben oder acht Uhr, wenn morgens der Saal aufgeschlossen wird, verlässt er den Bürgerbräukeller aufrecht und wie selbstverständlich. Seine Wirtsleute wundern sich zwar, was ihr Unter-mieter nachts so treibt, aber Elser kann sie mit dem Märchen von der Erfindung beruhigen.

Die Vorbereitungen beginnen mit dem Bau einer Tür an der Sockelverkleidung des Pfeilers; sie ist so gut getarnt, dass nach dem Verschließen keinerlei Spuren erkennbar sind. Danach kommt die mühseligste Aufgabe: der Bau einer Sprengkammer. Elser bohrt beim Licht seiner kleinen Taschenlampe Loch für Loch in die Ziegelsteine, versteckt den Staub in einer Abstellkammer, wischt alles sauber und dies Nacht für Nacht. Nach zwei Monaten hat er von dem ständigen Herumrutschen auf dem Fußboden vereiterte Knie und muss ein paar Tage aussetzen. Ende Oktober nach etwa dreißig solcher Nächte ist die Kammer fertig gestellt. Inzwischen hat er seinen Zündmechanismus ausgetüftelt. Zur Sicherheit nimmt er zwei Uhren, »programmiert« diese so, dass er die Sprengung bis 144 Stunden im Voraus einstellen kann.

Am 1. und 2. November ist er so weit, dass er die Kammer mit den Abmessungen von etwa 70 mal 90 Zentimeter mit Dynamit befüllen kann. Am 4. November will er seine Uhren und den Zündapparat einbauen, doch sie sind zu groß. Schnell wird ein wenig gesägt und gefeilt und am nächsten Tag ein neuer Versuch gestartet. Diesmal klappt es gut: Seil, Sperrhebel, Zahnräder, Schlagwerk, Zünder, Sprengkapseln – eine äußerst komplizierte Vorrichtung – sind richtig postiert, die Uhren werden aufgezogen und gestellt. Die Bombe tickt.

So perfekt Elser seine Höllenmaschine geplant und gebaut hat, so dilettantisch plant er seine Flucht. Zunächst fährt er nach Stuttgart, um sich von seiner Schwester Maria zu verabschieden. Er vermacht ihr alle seine Sachen, darunter auch noch einige Uhrwerke und erzählt, dass er ins Ausland wolle, nennt den Grund aber nicht. Maria fragt nicht weiter. Er leiht sich von ihr 30 Mark, da er so gut wie blank ist.

Statt nun schleunigst zu verschwinden, um rechtzeitig außer Landes in der Schweiz zu sein, setzt er sich in den Zug und fährt erneut nach München – es ist der 7. November, ein Tag vor dem geplanten Attentat. Noch einmal lässt er sich im Bürgerbräukeller einschließen, um sein Werk zu kontrollieren. Ihn plagen Sorgen, ob die Uhren auch richtig gehen: »Im Saal begab ich mich sofort auf die Galerie und horchte an der Türe der Säule, ob die Uhrwerke sich noch in Gang befinden. Das Ticken der Uhren konnte ich dadurch, daß ich mein Ohr an die Tür gepreßt hatte, ganz leise hören. Darauf öffnete ich mit dem Klappmesser die Türen, öffnete die Tür zu dem Uhrgehäuse und vergewisserte mich mit meiner Taschenuhr, ob die Uhrwerke nicht vor- oder nachgehen. Die Uhr ging richtig.«[10]

Morgens fährt er mit dem Zug über Friedrichshafen nach Konstanz, um sich abzusetzen: »Ich wollte, schon ehe meine Uhren die Explosion auslösten, in der Schweiz sein. Für die Schweiz habe ich mich lediglich deshalb entschieden, weil es mir als das Nächstliegende erschien … Ich hatte außerdem die Absicht und dies mir schon eingehend überlegt, von der Schweiz aus an die deutsche Polizei ausführlich zu schreiben, zu erklären, daß ich der Alleinschuldige an dem Attentat sei, keine Mitwisser oder Mittäter gehabt habe.«[11]

Elser nähert sich der Schweizer Grenze gegen 20 Uhr und wird prompt von zwei Streifenbeamten aufgegriffen. Er stellt sich zunächst dumm und redet sich heraus, er habe sich verlaufen, als er einen Bekannten besuchen wollte. Als man ihn durchsucht und er seine Taschen leeren muss, ist das Erstaunen groß. Der Zollbeamte Xaver Rieger findet: »Eine Beißzange, einen verschlossenen Umschlag, in dem sich zahlreiche Zettel über Aufzeichnungen der Herstellung von Granaten und Zündern, Härte- und Hitzegraden, über Kennzeichnung der Munitionskisten, über Farbe, Inhalt der Kisten, sowie deren Bestimmungswert befanden. Weiter hatte Elser Teile eines Zünders bei sich (Schlagbolzen, Feder usw.) und eine unbeschriebene Ansichtskarte, die in bunten Farben die Innenansicht des Bürgerbräukellers darstellte und den Amtsstempel der NSDAP trug. Zollsekretär Traber, der sich an der Durchsuchung beteiligt hatte, fand am Schluß noch unter dem Rockaufschlag versteckt das frühere Rotfront-Abzeichen.«[12] Außerdem hat Elser noch seine Grenzkarte bei sich, die aber schon seit Jahren abgelaufen ist. Die Beamten ahnen noch nicht, was für ein Fang ihnen da gelungen ist, aber sie nehmen Elser vorsorglich fest und übergeben ihn der Grenzpolizei.

Damit tritt der äußerst seltene Fall ein, dass ein Täter festgenommen wird, dessen Tat noch gar nicht ausgeführt wurde.

Zur gleichen Zeit ist die Veranstaltung im Bürgerbräukeller in vollem Gange und Hitler redet. Kritische

Bürger erleben ihn als einen Hetzer, den man nicht ernst nehmen kann, so etwa Marion Gräfin Dönhoff: »Ich fuhr zu einer seiner Veranstaltungen und sah ihn aus drei Metern Entfernung. Er sprach von seinem Podium und wirkte grauenhaft auf mich, sehr emotional. Er geiferte wie eine Mischung aus einem Berserker und einem Verrückten. Die Argumente schienen mir vollkommen blödsinnig.«[13]

Ganz anders seine Anhänger, die in Jubel ausbrechen, Heil-Rufe schreien und ergriffen den Worten des »Führers« lauschen. Hitler rechtfertigt den jüngst begonnenen Krieg und beschwört die »Unbesiegbarkeit«: »Alles ist denkbar, nur eines nicht, daß wir kapitulieren, so kann ich das als Nationalsozialist wiederholen: Alles ist denkbar, eine deutsche Kapitulation niemals! Wenn man mir darauf erklärt: Dann wird der Krieg drei Jahre dauern, so antworte ich: Er kann dauern, so lange er will – kapitulieren wird Deutschland niemals. Jetzt nicht und in alle Zukunft nicht … Es kann hier nur einer siegen, das sind wir!«[14]

Hitler redet ungewöhnlich kurz. Während seine Anhänger noch jubeln, verlässt er um 21 Uhr 07 den Bürgerbräukeller, um seinen Sonderzug nach Berlin rechtzeitig zu erreichen. Wegen schlechter Witterung ist der sonst übliche Flug in seinem Privatflugzeug nicht möglich. Am nächsten Morgen wird Hitler in der Reichskanzlei dringend benötigt, da die Entscheidung über die Offensive an der Westfront fallen soll.

Während Hitler auf dem Weg zum Hauptbahnhof München ist und sich der Saal langsam leert, detoniert um 21 Uhr 20 Elsers Bombe und hinterlässt eine Spur der Verwüstung. Sieben Tote und über 60 Verletzte liegen unter den Trümmern.

Hitler selbst erfährt erst bei einem Zugaufenthalt in Nürnberg von dem Attentat. Er weigert sich zunächst die Nachricht zu glauben, meint dann aber erleichtert: »Jetzt bin ich völlig ruhig. Daß ich den Bürgerbräukeller früher als sonst verlassen habe, ist mir eine Bestätigung, daß die Vorsehung mich mein Ziel erreichen lassen will.«[15]

Noch während der Nacht beauftragt Heinrich Himmler – der »Reichsführer SS« und Chef der deutschen Polizei – den Leiter der Gestapo Reinhard Heydrich mit der Aufklärung des Attentats. Hochrangige SS-Offiziere arbeiten fieberhaft in einer Sonderkommission.

Der Völkische Beobachter – das »Kampfblatt« der Nationalsozialisten – meldet am nächsten Morgen die »Wunderbare Errettung des Führers« und stellt erste Vermutungen an: »Das Attentat, das in seinen Spuren auf ausländische Anstiftung hinweist, löste in München sofort eine fanatische Empörung aus. Zur Feststellung der Täter ist eine Belohnung von 500.000 Mark ausgesetzt worden, die durch einen freiwilligen Beitrag von privater Seite auf 600.000 Mark erhöht wurde … Man kann es nur als ein Wunder bezeichnen, daß der Führer diesem Attentat auf sein Leben entging, das zugleich ein Anschlag auf die Sicherheit des Reiches ist.«[16]

Der Polizeipräsident von München stellt in seinem ersten Bericht am gleichen Tag fest: »Aufgefundene Einzelteile lassen erkennen, dass es sich durchaus nicht um eine primitiv hergestellte Apparatur gehandelt hat, sondern dass fachmännisch hervorragende Arbeit geleistet worden ist.«[17]

Elser wird die ganze Nacht vernommen, ohne dass ein konkretes Ergebnis dabei herauskommt. Am Abend des 9. November wird er nach München gefahren und von der Gestapo im Wittelsbacher Palais verhört. Elser gesteht die Tat nicht, und die Beamten zweifeln ohnehin daran, dass ein Einzeltäter für diesen Anschlag in Frage kommt. Weder Freund noch Feind können glauben, dass eine so präzise Durchführung nicht Teil einer Verschwörung ist. So entstehen sofort Mutmaßungen und Gerüchte. Die Nationalsozialisten bemühen sich, die Geheimdienste in der Schweiz oder England verantwortlich zu machen. Es wäre für sie allzu blamabel, wenn sich herausstellte, das Attentat wäre »aus dem Volke« erfolgt.

Aber auch die oppositionellen Kräfte stricken an einer Legende: Auf dieser Seite wird der Verdacht geäußert, die Nazis hätten selbst in ihrer zynischen Art dieses Attentat inszeniert, um den Mythos vom unbesiegbaren »Führer« zu untermauern.

Am 11. November wird landesweit halbmast geflaggt

und in München an der Feldherrnhalle vor zehntausenden Teilnehmern eine Trauerkundgebung veranstaltet – vorneweg die »Alten Kämpfer« mit der »Blutfahne«. Der kürzlich zum »Stellvertreter des Führers« ernannte Rudolf Heß hält eine von Pathos getragene Rede. Hitler selbst steht unbeweglich bei Trauermusik vor den aufgereihten Särgen.

Inzwischen zieht sich das Netz um Georg Elser immer enger. Angestellte aus dem Bürgerbräukeller erkennen ihn, seine geschundenen Knie verraten ihn. In der Nacht vom 13. auf den 14. November 1939 ist es dann so weit: Elser macht ein Geständnis.

Er wird nach Berlin transportiert und im Hausgefängnis des »Reichssicherheitshauptamtes« in der Prinz-Albrecht-Straße 8 in Haft gehalten. In diesem gefürchteten Gebäude sitzen die Bürokraten des Terrors zusammen in der Gestapo-Zentrale und entscheiden über Tod und Leben, über Freiheit oder Einweisung in die Konzentrationslager. Tausenden Widerstandskämpfern, Gewerkschaftern, Kommunisten oder Sozialdemokraten wird hier mit einer »verschärften Vernehmung« – wie es verharmlosend heißt – der Wille gebrochen. Wenn der Häftling nicht mit der Wahrheit herausrücken oder seine Mittäter verraten will, wird mit Prügel, Nahrungs- und Wasserentzug und psychischem Terror brutale Folter angewendet.

Nun gehen die Verhöre erst richtig los. Die Gestapo-

Leute wollen von Elser noch immer Hintermänner oder Mittäter erfahren. Er wird geschlagen, nächtelang muss er seinen Bericht vom Tathergang wiederholen und Skizzen von seiner Bombe zeichnen. Man versucht ihn sogar zu hypnotisieren. Ein riesiger Aufwand wird betrieben, um mögliche Zeugen aufzutreiben. Seine Mutter, seine Schwester Maria, seine ehemalige Geliebte Elsa werden nach Berlin geschafft, aber zu der Tat können sie rein gar nichts sagen.

Am 22. November geht man an die Öffentlichkeit. Der »Völkische Beobachter« meldet in großer Aufmachung auf der Titelseite: »Mit tiefer Genugtuung erfährt das deutsche Volk: Der Attentäter gefaßt. Täter: Georg Elser – Auftraggeber: Britischer Geheimdienst«. Der Tathergang wird ziemlich umfassend auf einer vollen Seite geschildert, dann aber ohne den geringsten Anhaltspunkt behauptet: »Auftraggeber bzw. Geldgeber für das Unternehmen war der britische Intelligence Service. Organisator des Verbrechens Otto Strasser.«[18] Damit wird eine neue Spur gelegt, allerdings ist diese völlig aus der Luft gegriffen. Strasser war früher Nationalsozialist, hatte sich aber mit Hitler überworfen und lebt nun als Emigrant in der Schweiz.

Elser bleibt zunächst Häftling der Gestapo in der Prinz-Albrecht-Straße; er soll wohl für einen Schauprozess präpariert werden, in dem man die angeblich britischen Täter anprangern will. Anfang 1942 wird er dann in das Konzentrationslager Sachsenhausen gebracht und dort Tag und Nacht streng bewacht. Obwohl er das sichere Todesurteil zu erwarten hat, soll ein Selbstmord unbedingt verhindert werden. Drei Einzelzellen werden zusammengelegt, in denen Elser sowie zwei Bewacher leben. Er ist zwar streng von den anderen Häftlingen isoliert, hat aber mit einer Hobelbank und einer selbst gebastelten primitiven Zither einige Ablenkung.

Aus dieser Zeit im KZ gibt es kaum Berichte. Elser soll viel geraucht, wenig gegessen, stark abgenommen haben und starken Stimmungsschwankungen unterlegen sein. Verhört wird er nicht mehr, ein Gerichtsverfahren nie eingeleitet.

Als die Bombenangriffe auf Berlin immer mehr zunehmen, wird Anfang 1945 auch die Zentrale der Gestapo in Berlin schwer getroffen. Man bringt die Häftlinge in Ausweichquartiere außerhalb Berlins, das KZ Sachsenhausen wird ab dem 1. Februar 1945 evakuiert. 10.000 Häftlinge aus Sachsenhausen treffen im bereits hoffnungslos überfüllten bayerischen KZ Dachau ein, unter ihnen Georg Elser.

Am 5. April 1945 erreicht den Kommandanten des KZ Dachau ein Brief der Gestapo, in dem »nach Einholung höchster Entscheidung«, also wohl auf Befehl Hitlers persönlich, der Befehl zur Ermordung Elsers gegeben wird. Es heißt dort: »Auch wegen unseres besonderen Schutzhäftlings Elser[19] wurde erneut an höchster Stelle Vortrag gehalten. Folgende Weisung ist ergangen: Bei einem der nächsten Terrorangriffe auf München bezw. auf die Umgebung von Dachau ist angeblich Elser tötlich verunglückt. Ich bitte, zu diesem Zweck Elser in absolut unauffälliger Weise nach Eintritt einer solchen Situation zu liquidieren.«[20] Im Nachsatz heißt es: »Nach Kenntnisnahme dieses Schreibens und nach Vollzug bitte ich es zu vernichten.«

Am 9. April 1945 wird Georg Elser im Hof des Konzentrationslagers von einem SS-Mann erschossen und anschließend verbrannt.

Nach 1945 blieb das Schicksal Georg Elsers lange Zeit ungeklärt. Seine Familie erfuhr nichts von seinem Schicksal und ließ ihn 1950 für tot erklären. Auch seine Rolle bei dem Attentat blieb im Dunkeln, zumal sich die Gerüchte über eine angebliche Beteiligung der Briten oder aber der Nazis als hartnäckig erwiesen. Elsers Mutter wehrte sich bis zu ihrem Tode im Jahre 1960 vehement dagegen, dass ihr Sohn ein Werkzeug des NS-Staates gewesen sei.

Diese Version wurde jedoch von dem evangelischen Pfarrer Martin Niemöller unterstützt, der eine wichtige Rolle beim Kampf der »Bekennenden Kirche« gegen die Nationalsozialisten gespielt hatte und dafür als »persönlicher Gefangener des Führers« von 1938 bis zum Kriegsende in verschiedenen Konzentrationslagern verbringen musste. Er hatte Elser einmal in Dachau gesehen und angeblich Informationen erhalten, dass er im Auftrag der Nationalsozialisten das Attentat durchgeführt habe. Da er Elser nur einmal gesehen und nie gesprochen hatte, dürfte Niemöller lediglich Lagergerüchte weitergegeben haben. Abgesehen von der Unlogik dieser Argumentation – warum sollte man einen Komplizen ins KZ stecken? – belegen die erst in den 1960er-Jahren gefundenen Dokumente, dass Elser nie irgendeiner NS- oder SS-Formation angehört hat.

Auch viele Historiker vertraten lange Zeit Thesen der Komplizenschaft. Ende der 1960er-Jahre wurden die Akten des Reichsjustizministeriums gesichtet und man stieß dabei auf die Verhörprotokolle Elsers. Langsam setzte sich nun die wahre Sicht durch: Elser war Alleintäter.

Erst in den 1980er- und 1990er-Jahren wurden Elser die ihm zustehenden Ehrungen zuteil. Nachdem bereits 1971 in Schnaitheim eine Bronzetafel zur Erinnerung an Elsers Tat errichtet worden war, folgte 1989 eine Gedenktafel im Kulturzentrum Gasteig in München, wo sich 50 Jahre zuvor die Säule mit dem Sprengstoff befunden hatte. 1995 wurde eine weitere Gedenktafel in Königsbronn angebracht und schließlich 1997 ein kleiner Platz an der Türkenstraße in München nach Georg Elser benannt.

Nach all den Missverständnissen und Verleugnungen gilt der einsame Attentäter Georg Elser heute als einer der mutigsten Gegner der NS-Diktatur.

»Ein jeder ist schuldig, schuldig, schuldig!«

Die Geschwister Scholl (1918/1921–1943)
und die Weiße Rose

In den Jahren 1942 und 1943 verbreitete die Münchner Gruppe »Weiße Rose« Flugblätter gegen das NS-Regime. Den Kern der Gruppe bildeten die Studenten Hans und Sophie Scholl, Alexander Schmorell, Christoph Probst, Willi Graf und Professor Kurt Huber. Weitere Studenten, Schüler, Lehrer, Professoren, Ärzte, Schriftsteller und Buchhändler hatten losen Kontakt zur »Weißen Rose«.

Die Gründer der Widerstandsgruppe stammten aus konservativ-bürgerlichen und christlich geprägten Familien. Anders als die Mehrheit der Deutschen bewahrten sie sich ihre geistige Unabhängigkeit und ließen sich nicht von den Ideen der Nationalsozialisten vereinnahmen. Zunächst richteten sie sich mit ihren Protestaktionen an Studenten und Akademiker in München und Umgebung. Anfang 1943, als nach vier Jahren Krieg mit der Niederlage von Stalingrad die Sinnlosigkeit und das Leiden des Krieges endgültig offenkundig wurden, hofften die Mitglieder der »Weißen Rose« auf eine breite Unterstützung aus der gesamten Bevölkerung. Bei der Verteilung des letzten Flugblatts wurden die Geschwister Scholl verhaftet. Vier Tage später wurden sie hingerichtet. Die Schriftstellerin Ricarda Huch schrieb im Alter von 80 Jahren: »Diese jungen Leute haben getan, was wir hätten tun sollen und nicht zu tun wagten.«[1]

Sophie Scholl wird am 9. Mai 1921 im süddeutschen Forchtenberg am Kocher geboren und verlebt dort ihre Kindheit bis zum siebten Lebensjahr.

Sie hat drei ältere Geschwister, Inge, Elisabeth und Hans; ein Jahr nach ihr wird noch ihr Bruder Werner geboren. Der Vater ist Bürgermeister in Forchtenberg und ein pazifistisch und liberal eingestellter Mann. Die Mutter war bis zu ihrer Hochzeit Diakonisse und hat als Krankenschwester im Krieg Verwundete gepflegt.

1930 wird der Vater als Bürgermeister abgewählt, die Familie zieht zunächst nach Ludwigsburg und 1932 nach Ulm. Die Scholls wohnen in der Nähe des Ulmer Münsters und der Vater verdient den Lebensunterhalt für die Familie als Steuer- und Wirtschaftsberater. Sophie besucht die Oberrealschule für Mädchen und ist ein nachdenklicher Mensch, nach innen gekehrt und schüchtern. Sie freut sich am Klavierspiel, am gemeinsamen Singen und hat einen ausgeprägten Gerechtigkeitssinn.

Sophie schreibt viel: Tagebuch, Briefe, Aufsätze und kurze Geschichten, diese mehr für sich selbst als für andere. So kann sie am besten ihre Gedanken ausdrücken. Ein Beispiel für diese Art des Schreibens ist die Darstellung einer Wiese – schwärmerisch, aber nicht kitschig: »Um mich herum empfinde ich all das Sprießen; ich freue mich an den Wiesenkerbelstauden, auf denen Wölkchen winziger schwarzer Käferchen wohnen, an den rotgetönten Sauerampfern, an den schlanken Gräsern, die sich leise nach Osten neigen. Wenn ich meinen Kopf wende, berührt er den rauhen Stamm eines Apfelbaumes neben mir. Wie beschützend er seine guten Äste über mir ausbreitet! Spüre ich nicht, wie unaufhörlich Säfte aus seinen Wurzeln steigen, um auch das kleinste Blättchen sorgend zu erhalten? Höre ich vielleicht einen geheimen Pulsschlag? Ich drücke mein Gesicht an seine dunkle, warme Rinde und denke: Heimat, und ich bin so unsäglich dankbar in diesem Augenblick.«[2]

Neben dem Schreiben liebt sie das Malen und Zeichnen. Besonders gern skizziert sie Kinder oder malt Landschaften in Wasser- und Wachsfarben.

Am 30. Januar 1933 kommen die Nationalsozialisten in Deutschland an die Macht; Sophie ist zwölf Jahre alt. Obwohl Mutter und Vater den neuen Machthabern gegenüber kritisch bis ablehnend eingestellt sind, begeistern sich die Geschwister Scholl für die Versprechungen von einer neuen Zeit und einem neuen Vaterland. Sie sind Mitglied im »Jungvolk« und später in der HJ beziehungsweise im BDM (Bund Deutscher Mädel). Uniformen, Fahnenappelle, Geländespiele, Lagerfeuerromantik werden als Abenteuer und als willkommene Abwechslung im Schulleben empfunden.

Irritiert ist Sophie allerdings darüber, dass zwei ihrer besten Schulfreundinnen, Luise und Anneliese, als Töchter angesehener jüdischer Familien nicht dem

BDM beitreten dürfen und auch in der Schule drang-
saliert und ausgegrenzt werden.

Bruder Hans – drei Jahre älter als Sophie – fühlt sich
weniger in der HJ zu Hause als vielmehr in einer
Jugendgruppe mit dem seltsamen Namen »d. j. 1. 11.«.
Diese Gruppe ist ein Ableger der Bündischen Jugend,
wurde am 1. November 1929 unter dem Namen
»Deutsche Jugendschaft vom 1. 11.« gegründet und steht
in der Tradition der Wandervogel-Bewegung, die zu Beginn des Jahrhunderts frischen Wind in die Jugendszene
gebracht hatte. Allerdings sind die Mitglieder der »d. j. 1.
11.« weniger an Naturerlebnissen mit Rucksack und
volkstümlicher Gemeinschaft interessiert, sie geben sich
betont modern. Es wird nicht gewandert, sondern per
Anhalter gereist, möglichst weit weg nach Skandinavien
oder zum Mittelmeer. Auch die geistige Beschäftigung
erschöpft sich nicht im Singen der sonst beliebten
Fahrtenlieder. Man schreibt und liest Gedichte, spielt
Theater und setzt sich bewusst in vielen Punkten von
der Schule ab; so wird beispielsweise konsequent in
Kleinschrift geschrieben.

Als die bündischen Jugendverbände kurz nach 1933
verboten werden, organisieren Sophies Brüder Hans
und Werner geheime Treffen. Die Gruppe und ihr Zusammenhalt werden für die Geschwister eine wichtige
Lebenserfahrung; hier wird eine bewusste Abkehr von
den deutschnationalen Idealen und Phrasen praktiziert.

Die Geschwister interessieren sich nun erst recht für die verbotenen Schriftsteller, deren Bücher 1933 öffentlich verbrannt worden waren. Auch die Werke der modernen Künstler, die von den Nationalsozialisten als »artfremd« und »entartet« eingestuft werden, begeistern die Jugendlichen. Sie singen die offiziell verpönten russischen Volks- und Zigeunerlieder, Texte und Bilder werden vervielfältigt und in der Gruppe verteilt. Dieses Sich-Zurückziehen in eine Gruppe, die ihre Aktivitäten geheim halten muss, diese ersten Übungen in der Untergrundarbeit fordern ihren Preis im Gefühl des Alleinseins und der Isolierung von der übrigen Welt. Hans Scholl drückt es so aus: »Mir ist der Kopf schwer. Ich verstehe die Menschen nicht mehr. Wenn ich durch den Rundfunk diese namenlose Begeisterung höre, möchte ich hinausgehen auf eine große einsame Ebene und dort allein sein.«[3]

1937 kommt die Gestapo den jungen Aktivisten des »d. j. 1. 11.« auf die Spur. Sophie wird mit ihren Geschwistern Inge und Werner festgenommen. Hans, der bereits beim Militär ist, wird in seiner Kaserne verhaftet. Sophie muss nur einen Tag im Gefängnis bleiben, aber ihre Geschwister werden auf einem Lastwagen nach Stuttgart gebracht, dort acht Tage lang in Einzelhaft gehalten und immer wieder vernommen, um eventuelle Verbindungen zu Widerstandsgruppen preiszugeben. Hans als Ältesten erwischt es auch am kräftigsten: Er bleibt fünf Wochen im Gefängnis.

Dieses Eindringen der Geheimen Staatspolizei in das Leben der Familie Scholl bleibt zwar ohne gravierende Folgen, der Schock wirkt jedoch nachhaltig. Einer nach dem anderen trennen sich die Geschwister innerlich von allem nationalsozialistischen Gedankengut. In der Folgezeit vermeiden sie die offiziellen Veranstaltungen der gleichgeschalteten Jugendverbände und organisieren lieber private Tanz- und Musiknachmittage, bei denen es für das damalige Verständnis mit Tango und Englishwaltz schon einmal etwas freizügig zugeht.

Auf einem dieser Tanzvergnügen lernt die 16-jährige Sophie den vier Jahre älteren Fritz Hartnagel kennen. Hartnagel will Offizier werden und ist in Augsburg stationiert. Aus der losen Bekanntschaft wird im Laufe der Jahre eine innige Freundschaft; sie schreiben sich häufig lange Briefe.

Überhaupt wird Freundschaft für Sophie ein immer wichtigerer Halt, auch im Zusammenstehen gegen den ungeliebten Staat. Und sie beschäftigt sich intensiv mit Religion, liest Bücher über das Christentum, den Buddhismus und die griechischen Philosophen.

In den letzten Schuljahren geht der Schulunterricht an Sophie innerlich vorbei, sie ist unbeteiligt, in ihren Gedanken versunken. Sie meint, manchmal komme ihr die Schule vor wie ein Film, der vor ihr ablaufe. Was ihren Berufswunsch betrifft, ist sie sich noch nicht sicher. Biologie und Kunst stehen zur Wahl. In den Sommerferien 1938 besucht sie das Künstlerdorf Worpswede bei Bremen, wo sie viele Maler kennen lernt und auch Werke der Künstler, die Deutschland bereits verlassen mussten.

Die Beziehung zu Fritz Hartnagel wird enger und intimer, sie sind verliebt. Sophie will sich jedoch nicht binden und beschwört immer wieder, dass es doch »nur« eine Freundschaft sei, mehr nicht. Sie schreibt an Fritz: »Es ist schön, wenn zwei miteinander gehen, ohne sich zu versprechen, wir treffen uns da und da wieder, oder wir wollen immer miteinander bleiben.«[4]

Die Jahre 1938 und 1939 wirken auf Sophie ganz anders als auf die meisten anderen Deutschen. Schlag auf Schlag geschieht Besorgniserregendes: im März 1938 der erzwungene »Anschluss« Österreichs und dessen Eingliederung in das Deutsche Reich als »Ostmark«; im Oktober 1938 der Einmarsch deutscher Truppen in das Sudetenland; am 9. November 1938 die so genannte »Reichskristallnacht« mit Brandstiftungen, Mord und Gewalt gegen Juden in ganz Deutschland. Schließlich beginnt am 1. September 1939 mit dem Überfall auf Polen der Krieg, der sich schnell zum Zweiten Weltkrieg ausweitet.

Diese Entwicklungen sind für Sophie ein furchtbares Erlebnis. Sie beschwört ihre Freunde, die Soldaten werden müssen, »nie zu schießen«. An Fritz Hartnagel schreibt sie einen besorgten Brief, in dem es heißt: »Ich kann es nicht begreifen, daß nun dauernd Menschen in

Lebensgefahr gebracht werden von anderen Menschen. Ich kann es nie begreifen und finde es entsetzlich. Sag nicht, es ist fürs Vaterland.«[5] Und im Gegensatz zu den vielen Deutschen, die den Vormarsch der deutschen Truppen als Zeichen für einen baldigen Sieg sehen, gibt sie sich keinen Illusionen hin: »Es war unsere Überzeugung, dass der Krieg für Deutschland verloren ist, und dass jedes Menschenleben, das für diesen verlorenen Krieg geopfert wird, umsonst ist.«[6]

Ihre Meinung zum Krieg, ihre Abneigung ist so entschieden, dass sie auch keine anderen Ansichten mehr gelten lassen will. Als Fritz vorsichtig auch positive Aspekte bei diesem Krieg sieht, antwortet sie ihm empört und will sogar den Briefverkehr mit ihm abbrechen. Doch allmählich gelingt es ihr, Fritz von ihrer Meinung zu überzeugen. Er erinnert sich später: »Was die Politik anging, so war von uns beiden Sophie die Tonangebende. Wir haben oft diskutiert und waren zunächst keineswegs in allen Fragen einer Meinung. Nur zögernd und widerwillig fand ich mich bereit, ihren Gedanken zu folgen. Es bedeutete einen gewaltigen Sprung für mich, mitten im Krieg zu sagen: ›Ich bin gegen diesen Krieg.‹ Oder: ›Deutschland muß diesen Krieg verlieren.‹«[7]

Im März 1940 besteht Sophie ihr Abitur problemlos, wenn auch nicht sorgenfrei. Der Krieg hatte in ihrer Schulklasse bereits drei Mitschülern das Leben gekostet – als Soldaten. Aus dieser Zeit stammt eine Beschreibung ihrer Freundin Susanne Hirzel: »Sofie, dunkelhaa-

rig und dunkeläugig, war für mich eine helle Gestalt.
Kritisch und neugierig blickte sie aus den Augen, hatte
einen klaren Kopf und ein mutiges Urteil. So jemand
war eine kostbare Seltenheit … Sofie hatte zusätzlich zu
ihrer Intelligenz große innere Freiheit, stand immer in
Gedankenaustausch mit ihrem Vater, ihren Geschwistern
und ihren Freunden.«[8]

Mit Fritz verbringt sie ein paar Tage unbeschwerten
Glücks beim Skifahren in den bayerischen Alpen. Beide
sind glücklich, wenn auch besorgt wegen der nahen Zukunft: Fritz muss wieder in den Krieg.

Studieren kann Sophie nicht sofort, denn vorher ist
»gemeinnützige« Arbeit vorgeschrieben. Um dem halb-
jährigen Dienst beim »RAD« (Reichsarbeitsdienst) zu
entgehen, bewirbt sie sich beim Fröbel-Seminar für
Kindergärtnerinnen in Ulm.

Im Sommer absolviert sie ein Praktikum in einem
Kinderheim im Schwarzwald. Aber sie findet keinen
richtigen Kontakt zu den Kindern, wohl zu Kindern
überhaupt. Im März 1941 besteht sie ihr Examen als
Kindergärtnerin. Ihre Hoffnung, nun mit dem Studium
in den Fächern Biologie und Philosophie beginnen
zu können, erfüllt sich nicht: Sie muss doch erst noch
zum RAD, eine Uniform anziehen und in einem Lager
an der Donau sechs Monate lang nervtötende Tätigkeiten ausüben. Dazu kommen noch der Drill, all
die Schikanen und ein Schlafraum mit zehn Betten, in
dem sie keine Ruhe finden kann. Sie schreibt häufig

Briefe und berichtet von den anderen Mädchen nur, dass der einzige, beliebteste und häufigste Gesprächsstoff die Männer seien, und manchmal »kotze sie das an«.

Bis August muss sie noch aushalten. Doch dann platzt am 22. Juni 1941 die Meldung herein, dass deutsche Truppen in die Sowjetunion einmarschiert sind. Mit dem Angriff bricht Hitler den mit Stalin abgeschlossenen Nichtangriffspakt und beschwört damit den Gang in die endgültige Katastrophe. Auch Fritz Hartnagel – inzwischen zum Hauptmann der Luftwaffe befördert – muss nun nach Russland, um sein Leben für einen wahnwitzigen Eroberungsfeldzug zu riskieren.

Sophies Qualen haben noch kein Ende. Ihre Freude über das Ende der Marter beim RAD währt nur kurze Zeit, denn mittlerweile sind die Bestimmungen geändert worden: Studierwillige müssen nun auch noch sechs Monate »Kriegshilfsdienst« ableisten.

Im Oktober 1941 tritt sie eine Stelle in einem Kinderhort nahe der Schweizer Grenze an. Schön ist immerhin, dass sie Fritz endlich wieder sehen und sprechen kann, der aus Russland kurzfristig abkommandiert wird, um in Weimar Dienst zu tun.

Die beiden sind nicht immer ein Herz und eine Seele. Sophies Sorgen um die furchtbaren kriegerischen Ereignisse beherrschen sie auch im privaten Umgang. Als im Winter 1941 das Weihnachtsfest naht, werden die Deutschen mit gewaltiger Propaganda bei der Aktion »Winterhilfe« dazu aufgefordert, Wollsachen, Mäntel und Decken für die Soldaten zu spenden, die vor Leningrad und Moskau ein bitterkalter Winter erwartet. Sophie ist auch hier hart: »Wir geben nichts.« Als Fritz ihr erklären will, was das für die Soldaten bedeutet, die nur unvollkommen ausgerüstet sind, bleibt sie unnachgiebig: »Ob jetzt deutsche Soldaten erfrieren oder russische, das bleibt sich gleich und ist gleichermaßen schlimm. Aber wir müssen den Krieg verlieren. Wenn wir jetzt Wollsachen spenden, tragen wir dazu bei, den Krieg zu verlängern.«[9] Ähnlich wie Georg Elser hat Sophie eine schlichte Einstellung: Entweder man ist gegen Hitler oder für ihn.

Im März 1942 kehrt Sophie nach Ulm zurück, und exakt an ihrem 21. Geburtstag, dem 9. Mai, reist sie endlich nach München, um ihr Studium zu beginnen. Ihr Bruder Hans studiert dort Medizin und so wird sie herzlich empfangen und feiert ihren Geburtstag mit Hans und dessen Freunden Alexander Schmorell, Christoph Probst und Willi Graf. Hier fühlt sich Sophie nach langer Zeit endlich wieder wohl, zumal die Freunde ihre Interessen teilen: Literatur, Musik, Natur.

Die jungen Menschen verbindet die Sorge um die Zukunft ihres Heimatlandes und die Ablehnung des Kriegs. Zudem können sie aus ihrem religiösen Gefühl heraus nicht tatenlos zusehen, wie Juden und geistig behinderte Menschen getötet oder brutal misshandelt werden. Die Berichte von den Gräueltaten der deutschen Armee in Polen und Russland sind niederschmetternd.

Ein kleines Hoffnungszeichen gibt es, das sie ermutigt. Sie stehen nicht allein, auch andere Deutsche denken ähnlich wie sie. Der Bischof von Münster, Clemens August Graf von Galen, spricht in seinen Predigten offen die Missstände im Staat an, vor allem, was die Rechte der katholischen Kirche belangt. Es gehört schon viel Mut dazu, öffentlich von der Kanzel zu verkünden: »Ich muß leider mitteilen, daß die Gestapo auch in dieser Woche ihren Vernichtungskampf gegen die katholischen Orden fortgesetzt hat.«[10] Berühmt wird seine Predigt zu den Tötungen von Patienten in Heil- und Pflegeanstalten, und er nennt die Dinge beim Namen: »Es ist mir versichert worden, daß man im Reichsministerium des Innern und auf der Dienststelle des Reichsärzteführers Dr. Conti gar kein Hehl daraus machte, daß tatsächlich eine große Zahl von Geisteskranken in Deutschland vorsätzlich getötet worden ist und in Zukunft getötet werden soll.«[11] Und weiter berichtet er von einer Anzeige wegen Mordes, die er beim Landgericht Münster erstattet hat, ohne dass es etwas genützt habe. Im Gegenteil, er habe erfahren, dass weitere 800 Patienten aus der Heilanstalt Warstein abgeholt worden seien und er damit rechne, dass sie »über kurz oder lang umgebracht« würden.

Derartige Worte in einer Kirche sind zu dieser Zeit selten zu hören. Zu einer echten Gefahr für die Herrschenden werden sie aber, wenn sie in Form von Abschriften und Kopien massenhaft heimlich verteilt werden. Bischof von Galen ist zwar auch innerhalb der katholischen Kirche eine Ausnahmeerscheinung, doch so prominent, dass die Nazis seine Verhaftung nicht wagen. Stattdessen trifft der ganze Hass diejenigen, welche die Predigt vervielfältigen und verteilen; einige von ihnen müssen diese Aktionen mit ihrem Leben bezahlen. Solche Kopien erreichen auch die Gruppe um Hans und Sophie Scholl.

Sehr schnell führt die Diskussion der Freunde zu der Frage: Was tun? Einig ist man sich bald, dass gewaltsame Aktionen, Attentate oder Bomben keine wirksamen Mittel sind und ihnen auch ethisch nicht vertretbar scheinen. Ziel soll vielmehr sein, die Bevölkerung aufzuklären und sie zum passiven Widerstand zu bewegen. Die Idee dahinter ist, dass Widerstand im Kleinen ansteckend wirken kann. Hilfe für Verfolgte, Unterstützung Angehöriger von KZ-Insassen, Berichte über den wahren Charakter des Kriegsstaates sollen sich ausbreiten und dem Regime langsam den Boden entziehen.

Die Freunde entschließen sich also, Flugblätter zu verfassen und zu verteilen, um auf diesem Wege für ihre Ideen zu werben. Alexander Schmorell besorgt die Technik: Schreibmaschine, Vervielfältigungsgerät, Matrizen, Papier. Ein befreundeter Architekt stellt sein Atelier zur Verfügung, und ab Juni 1942 werden die ersten vier

Flugblätter mit der zunächst geringen Auflage von etwa einhundert Stück verfasst mit der Überschrift »Die Flugblätter der Weißen Rose.«

Dieser Name stammt von Hans Scholl, der sich als unbeschriebenes, leeres, weißes Blatt empfindet in dem Sinne, dass er frei von bestimmten Interessen oder Parteien arbeitet. Jedenfalls äußert sich Hans Scholl in dieser Richtung, wenn er in einem Brief an seine Schwester Inge schreibt: »Ich habe eben zuweilen die Freude am Schreiben verloren, die in früherer Zeit so beglückend über mich kam, wenn ich ein weißes Blatt mit Worten bedeckte. Heute gefällt mir eben ein weißes Blatt besser, nicht aus ästhetischen Gründen, sondern weil noch keine Lüge darauf steht, keine fadenscheinige Behauptung, weil ein weißes Blatt noch eine potentielle Kraft enthält.«[12] An anderer Stelle sagt er: »Es kann sein, daß ich gefühlsmäßig diesen Namen gewählt habe, weil ich damals unmittelbar unter dem Eindruck der spanischen Romanzen von Brentano ›Die Rosa Blanca‹ gestanden habe.«[13]

Das erste Flugblatt appelliert zunächst an das Selbstwertgefühl der Mitbürger: »Nichts ist eines Kulturvolkes unwürdiger, als sich ohne Widerstand von einer verantwortungslosen und dunklen Trieben ergebenen Herrscherclique ›regieren‹ zu lassen. Ist es nicht so, daß sich jeder ehrliche Deutsche heute seiner Regierung schämt, und wer von uns ahnt das Ausmaß der Schmach, die über uns und unsere Kinder kommen wird, wenn einst der Schleier von unseren Augen gefallen ist und die grauenvollsten und jegliches Maß unendlich überschreitenden Verbrechen ans Tageslicht treten?« Dann wird der Ton jedoch schärfer: »Wenn das deutsche Volk schon so in seinem tiefsten Wesen korrumpiert und zerfallen ist ... wenn die Deutschen, so jeder Individualität bar, schon so sehr zur geistlosen und feigen Masse geworden sind, dann, ja dann verdienen sie den Untergang.« In einem anderen Flugblatt lässt die Gruppe klar verlauten: »Leistet passiven Widerstand – Widerstand –, wo immer Ihr auch seid, verhindert das Weiterlaufen dieser atheistischen Kriegsmaschine, ehe es zu spät ist, ehe die letzten Städte ein Trümmerhaufen sind, gleich Köln, und ehe die letzte Jugend des Volkes irgendwo für die Hybris eines Untermenschen verblutet ist. Vergeßt nicht, daß ein jedes Volk diejenige Regierung verdient, die es erträgt!« Dann zum Schluss: »Wir bitten Sie, dieses Blatt mit möglichst vielen Durchschlägen abzuschreiben und weiterzuverteilen!«[14]

Wer mitten im Krieg und bei diesem brutalen Regime Flugblätter verteilt, muss sich über zwei Dinge im Klaren sein: Garantiert landen einige der Papiere bei der Polizei und hinterlassen damit äußerst gefährliche Spuren. Zum anderen können die Flugblattschreiber keine Reaktion erwarten, erhalten keine Rückmeldung über die Wirkung ihrer Aktion. Die notwendige Geheimhaltung verstärkt ihre Isolation, gleichzeitig wächst die Ungeduld darüber, ob die Mühe sich gelohnt hat und auf fruchtbaren Boden fällt. Von nun an leben sie ständig zwischen Hoffnung und Angst.

Die Mitglieder der Weißen Rose verschicken ihre Flugblätter per Post an Personen, bei denen sie eine positive Resonanz vermuten. Darunter sind auch Familien aus ihrem Umkreis oder aus der Universität. Manche von ihnen ahnen wahrscheinlich, wer die Botschaften verschickt hat, da ihnen die Formulierungen in den Texten bekannt vorkommen. Doch die Verfasser haben Glück, sie werden nicht verraten oder angezeigt. Auf diese Weise vergrößern sie so ihren Kreis um einige Sympathisanten, die ihrerseits die Flugblätter weiterverteilen. Um die Spuren nicht zu sehr auf München zu lenken, fahren Mitglieder der Gruppe in andere Städte – Augsburg, Frankfurt am Main, Stuttgart, Freiburg, Saarbrücken, Karlsruhe, Köln – und werfen die Post dort ein. Auch Berlin, Wien und Salzburg erreichen einige Sendungen.

Das zweite Flugblatt wird ebenfalls im Juni 1942 hergestellt und verteilt. Die Verfasser machen Hitlers Buch »Mein Kampf« verächtlich – »ein Buch, das in dem übelsten Deutsch geschrieben ist« – und formulieren ihr Ziel: »Wenn so eine Welle des Aufruhrs durch das Land geht, wenn ›es in der Luft liegt‹, wenn viele mitmachen, dann kann in einer letzten, gewaltigen Anstrengung dieses System abgeschüttelt werden. Ein Ende mit Schrecken ist immer noch besser als ein Schrecken ohne Ende.« Und dann werden Tatsachen genannt, die den meisten Deutschen angeblich unbekannt sind, doch den jungen Studenten offenbar sehr wohl vertraut: »... als Beispiel wollen wir die Tatsache kurz anführen, die Tatsache, daß seit der Eroberung Polens dreihunderttausend Juden in diesem Land auf bestialischste Art ermordet worden sind. Hier sehen wir das fürchterlichste Verbrechen an der Würde des Menschen, ein Verbrechen, dem sich kein ähnliches in der ganzen Menschengeschichte an die Seite stellen kann.« Und schon fast verzweifelt stellen sie die Frage: »Warum verhält sich das deutsche Volk angesichts all dieser scheußlichsten menschenunwürdigsten Verbrechen so apathisch? Kaum irgendjemand macht sich Gedanken darüber ... Aber er kann sich nicht freisprechen, ein jeder ist schuldig, schuldig, schuldig!«[15]

Im Juli folgen die Flugblätter drei und vier, in denen konkrete Vorschläge gemacht werden, wie jeder Widerstand ausüben könnte, und zwar ausdrücklich passiven Widerstand, dazu stehen sie nach wie vor. Sabotage in Fabriken und Organisationen wird angesprochen, allerdings ohne zu sagen, wie diese wirkungsvoll organisiert werden könnte. Ferner wird empfohlen, sich bei Straßen- und Spendensammlungen für angeblich wohltätige, in Wirklichkeit aber Kriegszwecke zu verweigern. Ausdrücklich weisen die Verfasser darauf hin, dass die Weiße Rose »nicht im Solde einer ausländischen Macht steht«. Die Erneuerung Deutschland müsse von innen erfolgen; nach Erkenntnis der Schuld müsse mit den Nationalsozialisten abgerechnet werden. Offensichtlich schon die sichere Niederlage des Dritten Reiches vor Augen, schreiben sie: »Für Hitler und seine Anhänger gibt es auf dieser Erde keine Strafe, die ihren Taten gerecht wäre. Aber aus Liebe zu kommenden Generationen muss nach Beendigung des Krieges ein Exempel statuiert werden, daß niemand auch nur die geringste Lust je verspüren sollte, Ähnliches aufs neue zu versuchen.«[16]

Weitere Aktionen können zunächst nicht mehr vorbereitet und durchgeführt werden, da Hans Scholl, Alexander Schmorell und Willi Graf in eine Studentenkompanie abkommandiert werden; es geht nach Russland an die Front. Für Sophie ist der ungewisse Abschied von ihrem Bruder schmerzvoll. Sie schreibt an eine Freundin: »Hans ist letzte Woche nach Rußland gekommen mit allen den anderen, die mir im Laufe der vergangenen Wochen und Monate zu Freunden geworden sind. Jedes kleine Wort und jede kleine Gebärde des Abschieds ist noch so lebendig in mir.«[17]

In den Sommerferien fährt Sophie nach Ulm zu ihrer Familie. Allerdings nicht, um unbeschwerte Ferien zu verbringen, sondern um ihrem Vater beizustehen. Robert Scholl hatte sich mit der Staatsmacht angelegt und Hitler in einem Gespräch eher beiläufig als eine »große Gottesgeißel« bezeichnet. Es findet sich dann immer ein Spitzel, der jede kritische Äußerung der Polizei hinterbringt. Die Gestapo steht also wieder bei Familie Scholl in der Wohnung, um diesmal den Familienvater abzuholen und ihn für einige Tage zu inhaftieren. Obwohl der Vorfall schon fast ein Jahr zurückliegt, findet die Verhandlung nun im August 1942 vor einem Sondergericht in Ulm statt. Scholl wird wegen »Heimtücke« zu vier Monaten Gefängnis verurteilt und muss diese Zeit auch absitzen. Manche Nacht steht Sophie in der Nähe des Gefängnisses und spielt für ihren Vater auf der Flöte das Lied »Die Gedanken sind frei«.

Der andere Grund für Sophies Anwesenheit in Ulm ist nicht weniger bedrückend. In den Ferien muss sie in einem Rüstungsbetrieb zusammen mit russischen Zwangsarbeitern in der Produktion arbeiten. Was ihr besonders unerträglich ist: Sie leistet mit ihrer Arbeit Beihilfe zur Verlängerung des sinnlosen Mordens und Sterbens. Über die neue Erfahrung als Fabrikarbeiterin schreibt sie: »Der Anblick der vielen Menschen vor den vielen Maschinen ist ein trauriger und erinnert an den von Sklaven. Nur daß ihr Sklavenhalter ein von ihnen selbst gekrönter ist.«[18]

Im Oktober kehren Hans Scholl sowie Alexander Schmorell und Willi Graf aus Russland zurück nach München. Sie berichten von ihren schrecklichen Erlebnissen, vor allem auch von der unmenschlichen Behandlung, die Russen und Juden als Zwangsarbeiter erdulden müssen. Sie sind entschlossener denn je, Widerstand auszuüben. Für Schmorell, der eine russische Mutter hat und fließend Russisch spricht, waren die Erfahrungen in seinem zweiten Heimatland besonders bedrückend. Inge Scholl, die Schwester von Hans und Sophie, schreibt dazu in ihren Erinnerungen: »Die Erlebnisse an der Front und in den Lazaretten hatten Hans und seine Freunde reifer und härter gemacht. Sie hatten ihnen noch eindringlicher und klarer die Notwendigkeit gezeigt, diesem Staat mit seinem furchtbaren Vernichtungswahn entgegenzutreten. Die Freunde hatten gesehen, wie dort draußen das Leben aufs Spiel gesetzt und verschwendet wurde. Wenn schon das Leben riskiert werden sollte, warum nicht gegen die Ungerechtigkeit, die zum Himmel schrie. Nun waren sie zurückgekehrt; nun sollte auch mit dem Entschluß, den sie an jenem Abschiedsabend gefaßt hatten, Ernst gemacht werden.«[19]

Die Freunde setzen ihre Untergrundarbeit im Winter 1942 mit neuem Mut fort. Vorsichtig werden im Bekanntenkreis und bei den Studenten weitere Mitglieder angeworben; so stößt auch Sophies alte Schulfreundin Susanne Hirzel zu ihnen.

Es sollen nun größere Aktionen durchgeführt werden; dafür benötigen sie neben Helfern viel Material und auch Geld. Sophie erbittet von Fritz, der allerdings nichts von den Flugblättern weiß, 1.000 Reichsmark und erhält sie auch »für einen guten Zweck«. Andere helfen mit Briefmarken, denn das nächste Flugblatt soll in 2.000 Exemplaren verschickt werden. Geplant ist zusätzlich der Aufbau eines Netzes von Widerstands-gruppen in verschiedenen Universitätsstädten nach dem Vorbild ihrer Münchener Gruppe.

Traute Lafrenz ist wie Hans Scholl Medizinstudentin in München und mit ihm befreundet. Er weiht sie in seine geheimen Aktionen ein, worauf auch sie sich der Weißen Rose anschließt. In Hamburg kennt sie einige kritische Studenten, und so fährt sie im November dorthin, zeigt die Flugblätter und diskutiert mit ihnen über Pläne, den Widerstand in Hamburg und Umge-bung zu verstärken. Ihr Hamburger Schulfreund Heinz Kucharski arbeitet schon länger im Untergrund, viel-leicht nach einem besseren Konzept als die Münchener Studenten. In Hamburg agieren in der Illegalität nur kleinere Gruppen von zwei oder drei Personen, die sich untereinander nicht kennen. Wenn eine Gruppe auf-fliegt, können die anderen dennoch weiterarbeiten.

Hans Scholl und Alexander Schmorell strecken ihre Fühler aus nach Chemnitz und Berlin, wo die Wider-standsgruppe »Rote Kapelle« arbeitet. Viele von ihnen wurden bereits verhaftet, darunter auch einer ihrer Wortführer Arvid Harnack.

Am 13. Januar 1943 feiert die Münchener Universität ihr 470-jähriges Bestehen; im Deutschen Museum findet die Festversammlung statt. Die Universitäten hatten sich seit 1933 stark verändert. Keinerlei Freiraum wird den Studentinnen und Studenten mehr eingeräumt, aus einer

Stätte der Bildung und geistigen Auseinandersetzung ist inzwischen eine Einrichtung geworden, in der nur noch die NSDAP das Sagen hat mit entsprechender Bevormundung der Lehrenden und Lernenden.

Bei der Rede des bayerischen NSDAP-Gauleiters Paul Giesler kommt es zu regelrechten Tumulten, als dieser einen äußerst üblen Angriff auf die Studentinnen im Publikum startet. An deutschen Universitäten war 1933 ein geschlechtsspezifischer Numerus clausus eingeführt worden, nach dem nur zehn Prozent aller Studierenden weiblich sein durften. Diese Verdrängung der Frauen aus der Wissenschaft war ohnehin schon eine beispiellose Diskriminierung, doch der Gauleiter hat nun noch eine Steigerung parat: Seiner Meinung sollen Frauen nicht die Studienplätze blockieren, sondern lieber dem »Führer« Kinder schenken. Er könne auch gern einen seiner Adjutanten schicken, um den Studentinnen ein »beglückendes Erlebnis« zu verschaffen.

Als die anwesenden Studentinnen mit Buh-Rufen und Füßetrommeln einen Riesenlärm verursachen, werden sie von SS-Leuten auf die Galerie gedrängt und dort festgehalten. Daraufhin setzen Sprechchöre der Studenten ein, so lange, bis die Mädchen wirklich freigelassen werden. Sophie sieht sich bestätigt und hofft etwas sehr optimistisch, dass dieser »Aufstand« der Beginn einer Massenbewegung ist.

Der 50-jährige Philosophieprofessor Kurt Huber,

dessen Vorlesungen die kritischen Studenten immer gern besucht haben, wird als neuer Mitstreiter gewonnen. Sogleich übernimmt er eine wichtige Rolle in der Weißen Rose und wird maßgeblicher Verfasser der folgenden Flugblätter. Ihr Stil ist stärker politisch ausgerichtet mit klaren Worten und aussagekräftigen Überschriften, wobei das romantische Symbol der Rose nicht mehr im Vordergrund steht: »Flugblätter der Widerstandsbewegung in Deutschland. Aufruf an alle Deutschen«. Neben Akademikern und Studenten werden nun alle Bevölkerungsschichten angesprochen.

Flugblatt fünf beginnt mit den Sätzen: »Der Krieg geht seinem sicheren Ende entgegen … Mit mathematischer Sicherheit führt Hitler das deutsche Volk in den Abgrund. Hitler kann den Krieg nicht gewinnen, nur noch verlängern! … Deutsche! Wollt Ihr und Eure Kinder dasselbe Schicksal erleiden, das den Juden widerfahren ist? Wollt Ihr mit dem gleichen Maße gemessen werden wie Eure Verführer? Sollen wir auf ewig das von aller Welt gehaßte und ausgestoßene Volk sein? Nein! Darum trennt Euch von dem nationalsozialistischen Untermenschentum! Beweist durch die Tat, daß Ihr anders denkt! Ein neuer Befreiungskrieg bricht an. Der bessere Teil des Volkes kämpft auf unserer Seite.« Es folgen Gedanken zu einem Deutschland nach dem Krieg: »Das kommende Deutschland kann nur föderalistisch sein. Nur eine gesunde föderalistische Staatenordnung vermag heute noch das geschwächte Europa mit neuem Leben zu erfüllen. Die Arbeiterschaft muß durch einen vernünftigen Sozialismus aus ihrem Zustand niedrigster Sklaverei befreit werden … Freiheit der Rede, Freiheit des Bekenntnisses, Schutz des einzelnen Bürgers vor der Willkür verbrecherischer Gewaltstaaten, das sind die Grundlagen des neuen Europa.«[20]

Das Flugblatt wird in mühsamer Arbeit in mehrere tausend adressierte Briefumschläge gesteckt und verschickt. Um den Ursprung München zu verschleiern, fahren die Verfasser nach Berlin, Salzburg und in andere Städte und werfen die Flugblätter dort ein.

Zu dieser Zeit macht sich Sophie besondere Sorgen um Fritz, der im eiskalten Winter bei den Kämpfen um Stalingrad eingesetzt ist und in all den Wirren nur selten schreiben kann. Weihnachten erlebt er bei 30 Grad Kälte, und im Januar schreibt er ihr endlich einen Brief, aus seiner Sicht einen Abschiedsbrief: Beide Hände seien ihm erfroren, seine Einheit sei aufgerieben, er erwarte Gefangenschaft oder Tod. Kurz darauf erfährt Sophie, dass Fritz in einem ukrainischen Lazarett liegt; als einer der letzten Soldaten wird er aus Stalingrad ausgeflogen.

Anfang Februar 1943 wird die Niederlage von Stalingrad auch in Deutschland bekannt. Hitler verweigert starrsinnig und widersinnig den Rückzug der eingeschlossenen deutschen 6. Armee und verursacht damit eine beispiellose Katastrophe, die den Tod von mehreren hunderttausend Soldaten zur Folge hat. Das Kriegsglück wendet sich nun endgültig; inzwischen ahnen wohl auch die Verbrecher an der Spitze des Staates, dass es für ihre Eroberungsfeldzüge kein gutes Ende geben wird. Umso verbissener und brutaler schlagen sie um sich. Jeder Widerstand wird gnadenlos verfolgt und bestraft.

Hans Scholl und einige seiner Freunde lassen sich nicht beirren und ziehen nachts mit schwarzer Teerfarbe los. Am nächsten Morgen ist die Aufregung groß, als über dem Eingangsportal der Universität in großen Buchstaben das Wort »Freiheit« prangt; andere Wände sind mit den Parolen »Nieder mit Hitler« sowie »Hitler der Massenmörder« beschriftet. Zunächst geht alles gut, kein Verdacht fällt auf die Urheber, doch die Mitglieder der Weißen Rose leben unter größter Anspannung und werden äußerst nervös. Als Susanne Hirzel das fünfte Flugblatt zum Verteilen erhält, ist sie zwar vom Inhalt überzeugt, schreit aber trotzdem: »Die sind wahnsinnig, alle werden geschnappt werden, wir sind tot, tot!«[21]

Die Freunde sind der Ansicht, dass die Zeit für sie arbeitet. Weitere Aktionen sollen zum Sturz Hitlers beitragen. Das nächste Flugblatt wendet sich wieder an die Studenten in München, zumal man hofft, dass der »Aufruhr« bei der Rede des Gauleiters sowie das Desaster in Russland die Bereitschaft zum Widerstand an der Universität verstärkt haben. Auf diese Ereignisse bezieht sich auch der Text: »Erschüttert steht unser Volk vor dem Untergang der Männer von Stalingrad. Drei-hundertdreißigtausend deutsche Männer hat die geniale Strategie des Weltkriegsgefreiten sinn- und verantwortungslos in Tod und Verderben gehetzt. Führer, wir danken dir! ... Wollen wir den niedrigsten Machtinstinkten einer Parteiclique den Rest unserer deutschen Jugend opfern? Nimmermehr! Der Tag der Abrechnung ist gekommen.« Dann knüpfen sie direkt an die Erfahrungen der Studierenden an: »Frontkämpfer werden von Studentenführern und Gauleiteraspiranten wie Schulbuben gemaßregelt, Gauleiter greifen mit geilen Späßen den Studentinnen an die Ehre.«[22]

Dieses sechste Flugblatt wird in einer noch größeren Auflage von 3.000 Stück vervielfältigt; damit stoßen die Freunde an die Grenzen ihrer Organisation. So viele Blätter zu adressieren und wie bisher als Brief zu verschicken ist nicht möglich. Daher packen Sophie und Hans Scholl am 18. Februar 1943 ihre Taschen voll und verteilen die Flugblätter in ihrer Universität, legen sie auf Treppen, Fensterbänken und Brüstungen aus. Ein Blatt flattert in den Lichthof hinunter direkt vor die Füße des Hausmeisters. Er drängt die beiden Geschwister in das Büro des Rektors und nicht lange darauf sind Gestapo-Beamte informiert.

Über das Verhalten von Sophie und Hans Scholl vor und bei ihrer Festnahme ist viel spekuliert worden. So ist nicht ganz unwahrscheinlich, dass die Gestapo sie bereits beobachtet hatte und sie auch schon gewarnt worden waren. Darauf deutet eine Äußerung von Hans Scholl hin, der zwei Tage vor dem Verteilen des letzten Flugblatts gesagt haben soll, er wolle seiner Verhaftung zuvorkommen und »noch einmal aktiv sein«. Auch Sophie bemerkt zu einem Freund: »Es fallen so viele Menschen für dieses Regime, es ist Zeit, daß jemand dagegen fällt.«[23] Möglicherweise opfern die beiden sich bewusst, um ein Fanal zu setzen.

In der Tat hatte sich im Laufe der Zeit die Schlinge um die Täter immer enger zugezogen. Bereits nach dem Auftauchen der ersten Flugblätter befindet sich die Gestapo in höchster Alarmbereitschaft. Es gibt eine Großfahndung, Belohnungen werden ausgesetzt, sämtliche Hotels überprüft und Verdächtige überwacht, denen man zutraut, die Verfasser zu sein. Aber nicht die Fahnder und Spitzel bringen die Suche voran, sondern die Kriminaltechniker.

Die Weiße Rose hat viele Spuren hinterlassen. Man stellt fest, dass alle Flugblätter auf ein und derselben Schreibmaschine getippt wurden, dass das Papier aus einem bestimmten Geschäft in München und die verwendeten Briefumschläge aus einer Münchener Fabrik stammen. Ein sprachwissenschaftlicher Gutachter soll schließlich bei der Identifizierung der Täter helfen. Er zollt dem Verfasser der Flugblätter höchstes Lob: »Die beiden Machwerke zeigen ein außergewöhnlich hohes Niveau. Es spricht ein Mensch, der die deutsche Sprache vollendet meistert, der seinen Gegenstand bis zur letzten Klarheit durchdacht hat. Der Mann weiß genau, was er will, er verfügt über detaillierte Kenntnisse.« Trotzdem bezweifelt der Gutachter, dass sich diesen Aufrufen viele

Menschen anschließen würden: »Dazu ist ihre Sprache zu abstrakt; sie will (und kann) in breiteren Kreisen der Soldaten und Arbeiter keinen Widerhall finden.«[24]

Zunächst leugnen Sophie und Hans und streiten alles ab, doch unglücklicherweise findet die Gestapo in der Aktentasche von Christoph Probst den endgültigen Beweis – ein Flugblatt. Nun werden die Geschwister vier Tage lang getrennt vernommen. Ein Vernehmungsbeamter hat Mitleid mit Sophie und versucht, ihr das Leben zu retten, indem er ihr nahe legt, sich von ihrem Bruder zu distanzieren und zu behaupten, sie habe nicht aus Überzeugung geholfen. Doch Sophie verzichtet auf diesen Weg, den sie als Verrat empfindet.

Die Anklageschrift lautet auf »Vorbereitung zum Hochverrat«, und die Angeklagten wissen ohne Zweifel, dass ihnen die Todesstrafe bevorsteht – neben Sophie und Hans auch Christoph Probst, während Alexander Schmorell hatte fliehen können, doch später ebenfalls gefasst wird.

Bereits am 22. Februar, also nur vier Tage nach der Verhaftung, wird die Farce eines Prozesses veranstaltet. Der Volksgerichtshof mit seinem berüchtigten Vorsitzenden Roland Freisler kommt eilig von Berlin nach München und will ein Exempel statuieren, durch ein Terrorurteil Schrecken verbreiten und damit für »Ruhe und Ordnung« an der Universität sorgen. Der Prozessverlauf ist so, wie man es von Freisler gewohnt ist: Tobend und schreiend springt er immer wieder auf, zynisch, Terror und Schrecken verbreitend brüllt er seine Parolen. Die Angeklagten lassen sich nicht beeindrucken und bleiben ruhig bei ihren Standpunkten. Als sich der Vater von Sophie und Hans, der sich mit der Mutter in den Verhandlungssaal geschmuggelt hatte, nach vorne drängt, um seine Kinder zu verteidigen, wird er abgeführt. Auf die Frage eines Richters, ob die Geschwister ihr Verhalten nicht bedauerten, antwortet Sophie gefasst: »Ich würde alles genau noch einmal so machen, denn nicht ich, sondern Sie haben die falsche Weltanschauung.«[25]

Das Urteil ist dann nur noch Formsache: Tod und Hinrichtung durch das Beil. Wenige Stunden später, am 22. Februar 1943 gegen 17 Uhr, wird das Urteil vollstreckt.

Ein Aufseher im Gefängnis berichtet über die letzten Minuten der drei Freunde: »Sie haben sich so fabelhaft tapfer benommen. Das ganze Gefängnis war davon beeindruckt. Deshalb haben wir das Risiko auf uns genommen – wäre es rausgekommen, hätte es schwere Folgen für uns gehabt –, die drei noch einmal zusammenzuführen, einen Augenblick vor der Hinrichtung. Wir wollten, dass sie noch eine Zigarette miteinander rauchen konnten. Es waren nur ein paar Minuten, aber ich glaube, es hat viel für sie bedeutet. ›Ich wusste nicht, dass Sterben so leicht sein kann‹, sagte Christoph Probst. Und dann: ›In wenigen Minuten sehen wir uns in der Ewigkeit wieder.‹ Dann wurden sie abgeführt, zuerst das Mädchen. Sie ging, ohne mit der

Wimper zu zucken. Wir konnten alle nicht begreifen, dass so etwas möglich ist. Der Scharfrichter sagte, so habe er noch niemanden sterben sehen. Und Hans, ehe er sein Haupt auf den Block legte, rief er laut, dass es durch das große Gefängnis hallte: ›Es lebe die Freiheit‹«.[26]

Fritz Hartnagel erfährt im Lazarett in Lemberg von den Todesurteilen, erzwingt seine Entlassung und eilt nach Berlin, um ein Gnadengesuch einzureichen. Als er in Ulm anruft, erfährt er die schreckliche Nachricht, dass Sophie bereits tot ist.

Am 24. Februar werden Sophie und Hans auf dem Perlacher Friedhof in München beigesetzt. Die Eltern und Geschwister dürfen teilnehmen. Einige Tage später werden die Eltern sowie die Schwester Inge von der Gestapo festgenommen und unter einem Vorwand inhaftiert. Die beiden Frauen kommen im Juli wieder frei, Robert Scholl erhält im August eine zweijährige Zuchthausstrafe.

Es folgen viele weitere Verhaftungen. Am 19. April wird bei einem zweiten Prozess über Professor Kurt Huber, Willi Graf und Alexander Schmorell die Todes-strafe verhängt. Weitere elf Angeklagte – unter ihnen auch Susanne Hirzel – kommen mit verhältnismäßig milden Haftstrafen davon. Huber und Schmorell werden am 13. Juli hingerichtet, Graf erst am 12. Oktober, weil die Gestapo noch Informationen zu weiteren Kontakt-personen von ihm erhalten will.

Die Hoffnung, dass nach dem Tod von Sophie und

Hans Scholl eine Welle des Aufruhrs durch Deutschland gehen würde, erfüllt sich nicht. Die meisten Deutschen sind innerlich noch nicht bereit zu einem Bruch mit dem verbrecherischem Regime. Immerhin wird die Arbeit der Weißen Rose sowohl in München als auch in Hamburg weitergeführt.

Der Hamburger Zweig der Weißen Rose verteilt das letzte Flugblatt mit dem Zusatz: »Ihr Geist lebt weiter«. Für die Witwe Professor Hubers in München wird eine Spendenaktion organisiert, was allerdings die Polizei auf ihre Spur bringt und zu weiteren Verhaftungen führt. Im Herbst 1944 folgen wieder Todesurteile und Hinrichtungen.

Doch ganz ungehört bleibt die Botschaft der Geschwister Scholl nicht. Thomas Mann, der seit 1938 im Exil in den USA lebt, wendet sich in einer seiner BBC-Radiosendungen an die Deutschen und würdigt die Weiße Rose mit den Worten: »Ihr sollt nicht umsonst gestorben sein, sollt nicht vergessen sein! Die Nazis haben schmutzigen Rowdies, gemeinen Killern in Deutschland Denkmäler gesetzt – die deutsche Revolution, die wirkliche, wird sie niederreißen und an ihrer Stelle eure Namen verewigen, die ihr, als noch Nacht über Deutschland und Europa lag, wußtet und verkündetet: ›es dämmert ein neuer Glaube an Freiheit und Ehre‹.«[27]

»Aus uns macht man keine Soldaten.«
Swing-Jugend und Edelweißpiraten.
Bartholomäus Schink (1927–1944)

Die Mehrheit der Deutschen im Dritten Reich war ange-
passt, duckte sich und meinte, nichts ausrichten zu können.
Viele hatten Angst und waren feige, was angesichts der brutalen
Methoden leicht nachvollziehbar erscheint. Doch es gab ge-
nügend andere, die nichts von der »Volksgemeinschaft« hielten
und einen Widerstand ausübten, der aus Opposition, Ver-
weigerung, einem Nichtmitmachen bei den politischen und
weltanschaulichen Zumutungen des Regimes bestand. Sie
lebten, so gut es ging, ein Leben nach ihrem Geschmack und,
wenn sie Glück hatten, ohne bitter dafür bezahlen zu müssen.
Solch ein Leben, das zwischen Anpassung und Ablehnung die
Balance halten musste, führten viele Jugendliche, die auf ganz
unterschiedliche Art ihrer Distanz zum NS-Regime Ausdruck
und Form gaben.

Eine wichtige Rolle bei der Auseinandersetzung Jugendlicher mit dem Staat spielt die HJ, die gleichsam das
»natürliche« Aktionsfeld aller Jungen und Mädchen
dieser Zeit ist. Die HJ wurde 1926 in Weimar als nationalsozialistische Jugendbewegung gegründet und ist
nach der nationalsozialistischen Machtübernahme 1933
allgegenwärtig: Durch das Verbot sämtlicher anderer
Jugendverbände wird sie zum Staatsjugendverband.

Die zunächst freiwillige Mitgliedschaft wird 1936 zur Zwangsmitgliedschaft. Von rund 100.000 HJ-Mitgliedern im Jahr 1932 steigt die Zahl auf 8,7 Millionen im Jahr 1939, so dass nahezu alle Jugendlichen hier organisiert sind.

Die in Uniform auftretende und militärisch organisierte HJ gliedert sich nach Altersgruppen und Geschlecht: Das Deutsche Jungvolk (DJ) erfasst Jungen zwischen zehn und 14 Jahren, die eigentliche HJ die 14- bis 18-jährigen Jungen. In gleicher Weise sind die zur HJ gehörenden Mädchenverbände in Jungmädelbund (JM) und Bund Deutscher Mädel (BDM) gegliedert. Hinzu kommt 1938 das BDM-Werk »Glaube und Schönheit« für die 17- bis 21-jährigen Frauen, die auf ihre Rolle als Hausfrau und Mutter vorbereitet werden sollen. Am Vorabend von Hitlers Geburtstag sowie auf Reichsparteitagen werden die neuen »Pimpfe« und »Jungmädel« feierlich verpflichtet und die älteren HJ-Mitglieder in die NSDAP aufgenommen und öffentlich vereidigt.

Pompöse Aufzüge mit Fahnen, Standarten und Märschen, Paraden, Fahrten mit Geländespielen und geselligem Lagerleben machen die HJ für viele Jugendliche attraktiv. Bestandteil des HJ-Diensts sind aber auch das gemeinsame Hören von propagandistischen Radiosendungen. Über die HJ erfolgt die Vermittlung der NS-Ideologie mit ihrem Wertesystem von Gefolgschaftstreue, Kameradschaft, Pflichterfüllung und Willensstärke. Durch die militärische Ausbildung ist die HJ gleichzeitig das ideale Anwerbemittel von Soldaten. Während des Zweiten Weltkriegs werden die HJ-Mitglieder indirekt für Kriegszwecke eingesetzt: Trümmer wegzuräumen, Luftschutzdienst und Sammelaktionen von Kleidern und Altmetall oder für das Winterhilfswerk sind ihre Aufgaben.

Viele Jugendliche ordnen sich bereitwillig ein, schon deswegen, weil sie kaum etwas anderes kennen: »Die treuesten Anhänger fand Hitler in der deutschen Jugend. Für die jüngsten Nationalsozialisten kamen seine Worte einem ehernen Glaubensbekenntnis gleich. Bei ihnen fiel seine Lehre auf den fruchtbarsten Boden, und auf sie richtete Hitler bis zuletzt seine größten Hoffnungen.«[1]

Jungvolk, Hitlerjugend, NSDAP, Arbeitsfront, SA, SS und Wehrmacht sind die Perspektiven eines Jugendlichen in dieser Zeit. Hitler trichtert seiner »deutschen Jugend« immer wieder ein: »Wir wollen, daß dieses deutsche Volk einst gehorsam ist, und ihr müßt euch in dem Gehorsam üben!«[2]

»In dem Gehorsam üben«, das gefällt so manchem Jugendlichen ganz und gar nicht. Wenn auch viele davon begeistert sind, dass sie ohne Aufsicht von Eltern und Lehrern das als romantisch empfundene Lagerleben erleben können, stoßen der Drill und die Vorbereitung auf den militärischen Einsatz keineswegs nur auf Zustimmung. An vielen Orten Deutschlands entstehen Gruppen, in denen sich Jugendliche aus unterschiedlichen Motiven in verschiedensten Formen selbst organisieren und Opposition ausüben. Diese Gruppen werden bald als »Wilde Jugendgruppen« und »Cliquen« bezeichnet. Sie geben sich ganz bewusst »undeutsche« Namen wie Harlem-Club, Navajos, Rotes-X, Kittelbach- und Edelweißpiraten oder gehören der Swing-Jugend an.

Diese Gruppen sind von Anfang an illegal. Sie entstehen meist aus der 1933 verbotenen Bündischen Jugend oder lehnen sich an deren Traditionen an. Ihre Ziele sind Selbstverantwortlichkeit und Selbsterziehungsrecht, Anerkennung des Eigenwertes der Jugend, neue Lebensformen durch Rückkehr zur Wahrhaftigkeit und Natürlichkeit (Wandern, Volkslied, Volkstanz). Aus dem Wandern wird bald Sport; auch die Begeisterung für die Technik rückt in den Mittelpunkt. Die Nationalsozialisten selbst übernehmen viele dieser Merkmale und bauen sie in ihre eigenen Jugendorganisationen ein. Nachdem die wilden Gruppen schnell gleichgeschaltet und verboten worden waren, haben es die kritischen Jugendlichen schwer. Denn wer das Verbot ignoriert, wird verfolgt und bestraft – wie es auch die Geschwister Scholl erfahren mussten.

Zunächst sind die meisten Mitglieder der neu gegründeten illegalen Gruppen, wie beispielsweise des »d. j. 1. 11.«[3], aus gutbürgerlichem Hause. Als dann ab 1938 die Freiheit immer mehr eingeschränkt wird, stoßen vermehrt Jugendliche aus der Arbeiterschaft dazu. Auch Mädchen, die ihre Rolle in der Gesellschaft nicht in erster Linie als Mutter und Hausfrau sehen, machen mit. Diese Mädchen erhöhen eindrucksvoll die Attraktivität der Jugendgruppen, denn bei HJ und BDM sind die Geschlechter streng getrennt.

Politische Motive spielen anfangs meist keine oder nur eine untergeordnete Rolle, doch viele der Jugendlichen sind in einer kritischen Haltung zum Regime erzogen worden. Entweder stammen sie, wie die Geschwister Scholl, aus einem Elternhaus, in dem ethische und religiöse Werte einen hohen Rang einnehmen und ein ausgeprägtes Gefühl für Recht und Gerechtigkeit herrschen, oder sie wachsen in einem Milieu auf, das bis 1933 sozialdemokratisch oder sozialistisch geprägt ist. Später, als im Krieg drakonische Strafen für Andersdenkende drohen, erhält jede abweichende Haltung und jede Handlung der Verweigerung und der Opposition eine politische Dimension. Schon das Schwänzen des HJ-Dienstes oder gar ein Rausschmiss aus der HJ hat für die Jugendlichen gravierende Folgen; Schikanen in der Schule und Behinderungen bei der Suche nach einer Lehrstelle sind dann die Regel.

Zwischen den Jugendcliquen und der HJ kommt es häufig zu Prügeleien. Aber gerade aus den Reihen der HJ und des BDM stoßen immer wieder neue Anhänger dazu. Sie wollen sich nicht ständig herumkommandieren lassen, wollen ihre eigene Identität ausbilden und zu sich selbst finden.

Aufmerksam beobachtet die Gestapo die wilden

Jugendgruppen und kriminalisiert deren Verhalten. Ein Gestapo-Bericht aus dem Jahre 1938 findet vor allem das Verhalten und Aussehen der Jugendlichen empörend: »Die daraufhin eingeleiteten Beobachtungen ergaben, daß sich in den verschiedenen Stadtteilen eine große Anzahl Jugendlicher zu Gruppen zusammenfindet, die im Straßenbild auffällig in Erscheinung treten und offensichtlich einen gewissen organisatorischen Zusammenhalt erkennen lassen, der, abgesehen von dem gruppenweisen Auftreten, hauptsächlich durch das Vorhandensein einer Gleichtracht kenntlich wird. Die Gleichtracht besteht im Sommer aus Bundschuhen, weißen Kniestrümpfen, äußerst kurzen Lederhosen, buntkarierten Schihemden, Koppel, und im Winter aus Bundschuhen, weißen Kniestrümpfen, besonders langen Knickerbocker- bzw. Louis-Trenker-Hosen und grauen Slalom-Jacken. Daneben findet sich noch eine Übersteigerung dieser Tracht der Art, daß ohne weiteres der Eindruck erweckt wird, man habe es mit Russen zu tun. Auch Mädchen kleiden sich in entsprechender Weise, indem sie zu der übrigen Ausrüstung einen dunklen Rock tragen. In der warmen Jahreszeit konnten sie sogar stellenweise ebenfalls in kurzen Lederhosen angetroffen werden.« Und dann wird es gleich bitterernst: »Die Straftaten der Beschuldigten müssen als Vorbereitung zum Hochverrat gewertet werden. Haben sie doch neben offensichtlich kommunistischen Unterhaltungen den Gruß der ehemaligen Roten Jungpioniere in russischer Übersetzung zu dem ihren gemacht, teilweise bei einer Art von Heimabenden den Moskausender zu hören versucht und auch gehört, dabei die Melodien kommunistischer Lieder gespielt und auf Fahrten gemeinsam kommunistische Lieder gesungen.«[4]

Besonders lebhaft und bunt geht es bei der Swing-Jugend zu. Diese jugendliche Subkultur existiert in vielen westeuropäischen Ländern wie auch in den USA; es ist eine Jugendmode, wie es später die Hippies oder Punks sein werden. Im Mittelpunkt steht die Musik, der Swing, eine Welt, die sich von jener der Erwachsenen unterscheidet und unterscheiden soll. Die ausgelassen tanzenden Jugendlichen sind bewusst provokativ. Kleine Nadelstiche gegen die spießige und muffige Auffassung der meisten Erwachsenen und erst recht der Bonzen von der HJ und der NSDAP auszuteilen macht Spaß.

Ein wichtiger Zusammenhalt ist die Freude am Jazz. Swing ist neben dem Stil aus New Orleans die populärste Variante des Jazz und die beliebteste Tanzmusik der 1930er- und frühen 1940er-Jahre. Berühmte Bandleader dieser Zeit sind Duke Ellington oder Glenn Miller. Die Klarinette von Benny Goodman, die Klavierinterpretationen von Count Basie sowie Gesangsvirtuosen wie die Andrews Sisters, Ella Fitzgerald und Billie Holiday kommen zu Weltruhm.

Zentren der Swing-Jugend sind die damals noch immer weltoffenen Großstädte Hamburg und Berlin. Einen »Swing« – wie sich die Jugendlichen selbst bezeichnen – kann man daran erkennen, dass er oder sie sich möglichst nah an die englisch-amerikanische Lebensart – oder was dafür so gilt – anlehnt. Dies betrifft auch und vor allem die auffällige äußere Erscheinung und die Bekleidung. Die Frisuren sind möglichst schrill. Die langen Haare der Jungen werden mit Brillantine oder Zuckerwasser nach hinten gekämmt, die Mädchen tragen ihre Haare ebenfalls lang und offen, manchmal mit Dauerwelle. Das ergibt einen schönen Kontrast zum Kurzhaarschnitt bei der HJ und den braven Zöpfen beim BDM.

Die Jungen tragen lange, bis ans Knie reichende Jacketts, breite Hosen mit weitem Schlag und Schuhe mit Kreppsohle. Als besonderes Markenzeichen gilt der Regenschirm, der bei jedem Wetter dabei sein muss – angeblich aus Sympathie für den englischen Außenminister Anthony Eden. Natürlich ist das alles spontan, und so wetteifert man darin, sich immer wieder etwas Neues und besonders Schräges auszudenken. So sind mancherorts auch enge Röhrenhosen, helle Trenchcoats im Stil von US-Reportern und breitkrempige Hüte in.

Die Mädchen stehen in Mode und Extravaganz den Jungen keineswegs nach. Sie tragen auffälliges Make-up, lila gefärbte Lippen, zwischen den Fingern mit lackierten Nägeln balancieren sie eine lange Zigarettenspitze. Mit ihrer auffallenden, durchaus sexy Kleidung stellen sie genau das Gegenteil des propagierten nationalsozialistischen Frauenbilds dar.

Die mitunter sehr teure Kleidung der Swings kann nicht von allen bezahlt werden. Man begnügt sich mit Secondhandware oder klaut sich das ersehnte Teil, um an eine standesgemäße Ausstattung zu kommen.

Der englische und amerikanische Swing spielt die Hauptrolle in der Freizeit der Jugendlichen. In jeder freien Minute wird getanzt. Wer eine Schellackplatte von Louis Armstrong mit seinem »St. Louis Blues« besitzt, ist hoch angesehen. Ausländische Radiosender sind beliebt, bei *Sessions* von eigenen Bands wird der Swing kopiert, und so sind die Swings möglicherweise die Erfinder des Raubkopierens. Jedenfalls wird berichtet, dass sie Mitschnitte von Radio BBC auf Tonfolien pressten, die dann illegal vertrieben wurden. Ein amtlicher Bericht dazu stellt fest: »Englische, amerikanische und jüdische Musikschallplatten werden ausgeliehen, getauscht, durch Schneideapparate vervielfältigt und auch zur öffentlichen Wiedergabe genutzt.«[5]

Ist schon die Swingmusik für die Nazis ein rotes Tuch – »Negermusik« –, so gilt der Swingtanz mit seiner ausgelassenen Spontaneität geradezu als Geisteskrankheit. Das Entsetzen spricht aus dem Bericht eines Hamburger HJ-Beobachters aus dem Jahre 1940 bei jedem Satz: »Der Anblick der etwa 300 tanzenden Personen war verheerend. Kein Paar tanzte so, daß man das Tanzen noch als einigermaßen normal bezeichnen konnte. Es wurde in übelster und vollendetster Form geswingt. Teilweise tanzten zwei Jünglinge mit einem Mädel, teilweise bildeten mehrere Paare einen Kreis, wobei man sich einhakte und in dieser Weise dann weitergehüpft wurde. Viele Paare hüpften so, indem sie sich an den Händen anfaßten und dann in gebückter Stellung, den Oberkörper schlaff nach unten hängend, die langen Haare wild im Gesicht, halb in den Knien mit den Beinen herumschleuderten. Bei manchen konnte man ernsthaft an deren Geisteszustand zweifeln, derartige Szenen spielten sich auf der Swingfläche ab. In Hysterie geratene Neger bei Kriegstänzen sind mit dem zu vergleichen, was sich dort abspielte … Alles sprang wild umher und lallte den englischen Refrain mit. Die Kapelle spielt immer wildere Sachen. Kein Mitglied der Kapelle saß mehr, sondern jeder ›hottete‹ wie wild auf dem Podium herum. Häufig sah man, daß Jungens zusammen tanzten, durchwegs mit zwei Zigaretten im Mund, in jedem Mundwinkel eine.«[6]

Dass man selbst beim Tanzen provozieren und politisch unliebsame oder gar gefährliche Figuren tanzen kann, zeigen die Tänzer beim Mitswingen des Taktes mit träge emporgereckter, müde wirkender Hand und ausgestrecktem Zeigefinger oder gespreiztem Zeige- und Mittelfinger – neben der Anspielung auf das V-Zeichen Churchills für *victory* eine Verhöhnung des »Deutschen Grußes«.

Die Sprache der Swings ist englisch geprägt. Man redet sich mit englischen Spitznamen wie Tommy, Billy oder Hot King an, die Mädchen nennen sich Blackie, Jazzkatze oder Coca. Das ist insofern praktisch, da diese Namen gleichzeitig Decknamen sind, welche die Staatsmacht nicht so einfach identifizieren kann. Dass die Begrüßung mit »Swing Heil« oder »Heil Hotler« purer Lust am Hohn entspringt, ist offensichtlich. Beliebte Schlagworte sind »hotten« für tanzen, das sich auf den Jazz als Hot-Musik bezieht, oder »lottern« für sich herumtreiben. Ein amtlicher Bericht beschreibt dies so: »Das Schlagwort ist ›lottern‹. Nach ihm ist der ›Lotterclub‹ benannt. Häufig findet man in den Tagebüchern der ›Lotterboys‹ und der ›Lottermächen‹ den Satz: ›Nachmittags habe ich gelottert‹ … In einem Tagebuch hieß es: ›So lotterten wir beim lässigen Bar-Swing bis in den frühen Morgen hinein.‹«[7] Weniger aus Sympathie, sondern aus Lust an der Provokation werden gelegentlich auch jiddische Wörter wie »meschugge« und »nebbich« benutzt. Besonders lässig sind Aussagen wie »Keiner jazzt so koscher wie Benny Goodman«.

Ein Swing ist frei, individuell, modern und gelassen. Nicht militärisches und zackiges Auftreten ist angesagt, eher ein Schleichen mit swingenden Schritten. In einem Brief an seinen Freund beschreibt ein Swing aus Kiel das Swing-Gefühl treffend: »Daß du mir Kiel auch würdig vertrittst, also ganz lässig, ewig englische Schlager singend und pfeifend, total besoffen und immer umwiegt von den tollsten Frauen.«[8]

Die Beschäftigung mit englischer und amerikanischer Kultur, welche die Jugendlichen nicht aus persönlicher Erfahrung kennen und die in erster Linie der Musik gilt, verändert auch die sonstige Vorstellung von der Welt. Die Einstellung zu Freiheit und Demokratie, auch die Kontakte zu Juden sind ungewöhnlich. »Eine erstaunliche Haltung in einer Zeit, in der bei vielen anderen Deutschen Vorstellungen und Vorurteile über Juden geprägt wurden, die sie bis in unsere Gegenwart hinein nicht aufgegeben haben.«[9]

Besonders argwöhnisch wird von der Polizei das sexuelle Verhalten der Swings beobachtet, das überhaupt nicht zu den Ansichten der Gesellschaft passt, die Sexualität am liebsten nur als Mittel zur Fortpflanzung gestatten würde. In den Berichten wird von »sexuellen Ausschweifungen« gefaselt, was mitunter wohl nur Prahlerei ist: »Zumeist spielten persönliche Neigungen zueinander weniger eine Rolle als vielmehr die bewußte Wahl eines Partners für den Geschlechtsverkehr. Die Mädel wechselten in unserem Kreise, wobei derjenige oder diejenige den Vorzug hatte, der eine sturmfreie Bude zur Verfügung stand ... Zu unsittlichen Handlungen ist es vorwiegend bei den Hausfesten, aber auch üblichen Lokalbesuchen, Ausflügen und bei Luftschutznachtwachen gekommen.«[10]

Anfangs werden noch riesige Swingpartys mit 500 oder mehr Jugendlichen veranstaltet. Mitreißend erklingt dann etwa das lustvoll gesungene Spottlied:

»Wir sind nicht Juden, sind nicht Plutokraten,
doch die Nazis müssen trotzdem weg.
Aus uns da macht man keine Soldaten,
denn unsere Hymne ist der Tiger Rag.«[11]

Mit Beginn des Krieges verschärft sich der polizeiliche
Druck, so dass sich die Swings gezwungenermaßen in
die elterliche Wohnung oder in kleine Bars zurück-
ziehen. Und doch schließen sich mit zunehmender
Kriegsdauer immer mehr Jugendliche den wilden
Gruppen an. Die tägliche Begegnung mit dem Tod von
Vätern und Familienangehörigen mag hier auch eine
Rolle spielen; man ist sich bewusst, dass man vielleicht
nur noch kurze Zeit zu leben hat.

Anfang 1942 meldet die Polizei an den Reichsführer SS
Himmler: »Da die Tätigkeit dieser Swing-Jugend in der
Heimat eine Schädigung der deutschen Volkskraft
bedeutet, halte ich die sofortige Unterbringung dieser
Menschen in ein Arbeitslager für angebracht.«[12]

Himmler reagiert prompt mit einer drastischen Ver-
schärfung, will »jetzt das ganze Übel radikal« ausrotten:
»Alle Rädelsführer, und zwar die Rädelsführer männ-
licher und weiblicher Art … sind in ein Konzentrationslager einzuweisen. Dort muß die Jugend zunächst einmal Prügel bekommen und dann in schärfster Form
exerziert und zur Arbeit angehalten werden. Irgendein
Arbeitslager oder Jugendlager halte ich bei diesen

Burschen und diesen nichtsnutzigen Mädchen für verfehlt ... Der Aufenthalt im Konzentrationslager für diese Jugend muß ein längerer, 2–3 Jahre sein. Es muß klar sein, daß sie nie wieder studieren dürfen ... Nur wenn wir brutal durchgreifen, werden wir ein gefährliches Umsichgreifen dieser anglophylen [!] Tendenz in einer Zeit, in der Deutschland um seine Existenz kämpft, vermeiden können.«[13]

Und das sind keine leeren Worte. Im Sommer 1942 werden allein in Hamburg mehr als 300 Mitglieder der Swing-Jugend verhaftet. Sie kommen als so genannte »Schutzhäftlinge« in das Hamburger Gestapo-Gefängnis oder in das Konzentrationslager Fuhlsbüttel und müssen dort besonders schwere Arbeit verrichten. Die Beschuldigungen sind schnell gefunden: öffentliche Zusammenrottung, Nötigung, Widerstand gegen Beamte, Landfriedensbruch, Bildung bewaffneter Banden, Geheimbündelei, Raufhändel, Bandendiebstahl und manches mehr.

Einige der Jugendlichen, die von der Verhaftung verschont bleiben, werden nun eindeutig politisch aktiv und verteilen Flugblätter. Verbindungen zum Hamburger Zweig der Weißen Rose entstehen, was dann wiederum zur Folge hat, dass einige Swings sich mit Anklagen wegen Hochverrats, staatsfeindlicher Propaganda und Wehrkraftzersetzung konfrontiert sehen.

Das Regime nimmt den jugendlichen Protest inzwischen so ernst, dass immer drakonischere Maßnahmen ergriffen werden: Fürsorgeerziehung, Gefängnis, Jugend-KZ – und Todesstrafe. Bereits im Jahre 1940 wird das KZ Moringen in der Nähe von Göttingen speziell für männliche Jugendliche eingerichtet. Das KZ Uckermark nördlich von Berlin ist das Gegenstück für Mädchen und junge Frauen. In diesen beiden ersten Lagern dieser Art sind ungefähr 3.000 Jugendliche im Alter von etwa 13 bis 22 Jahren interniert. Sie erhalten ein Nachtlager auf einem Strohsack in einem der Blöcke: »Block der Untauglichen«, der »Störer«, der »Dauerversager«, der »Gelegenheitsversager«, der »fraglich Erziehungsfähigen« usw. Im »Stapo-Block« sind politisch-oppositionelle Jugendliche untergebracht, so auch die der Swing-Jugend. Das bedeutet zehn Stunden täglich schwere Arbeit, vor allem für Rüstungsbetriebe. Es gibt keinen freien Sonntag und keinen Feiertag. Sauberkeit, Ordnung, Pünktlichkeit und Disziplin werden brutal und gnadenlos durchgesetzt. Bestrafungen werden schon für geringfügigste Vergehen verhängt.

Die Frage, ob die Swings dem Widerstand zuzurechnen sind oder ob sie »nur« ihrem Übermut freien Lauf ließen, ist immer wieder umstritten diskutiert worden. Die Wissenschaftlerin Katy Göbel bemerkt: »Ihre mutigen Verhaltensformen und die Art ihrer Systemablehnung waren in der NS-Zeit immerhin eine Ausnahme. Während sich der Großteil der Jugend angepaßt verhielt, repräsentierten die Swings eine Oppositionsform, die ihren Möglichkeiten und Fähigkeiten entsprach. Denn man kann von Jugendlichen, insbesondere vor dem Hintergrund ihrer in überwiegendem Maße nationalsozialistischen Sozialisation, kein ausgefeiltes politisches Konzept erwarten.«[14]

★

Noch mehr Jugendliche als bei den Swings sammeln sich unter dem Namen der Edelweißpiraten. Dort treffen sich ebenfalls Anhänger der verbotenen Bündischen Jugend, aber hier sind es vor allem junge Arbeiter, Lehrlinge und Schüler. Schwerpunkte sind nicht die Großstädte, sondern die Industriereviere an Rhein und Ruhr sowie in Sachsen.

Das Erkennungszeichen dieser mehreren tausend Jugendlichen ist ein Edelweiß an der Jacke oder eine edelweißfarbene Stecknadel am Revers, wobei die Herkunft oder Bedeutung dieses Abzeichens unklar sind. Dazu trägt man – ähnlich wie die Swings – auffallende Kleidung, hier allerdings weniger mondän, eher proletarisch. Die »Kluft« wird zünftig ergänzt etwa durch einen Gürtel mit schweren Metallbeschlägen, Totenkopfabzeichen oder karierten Schottenhemden.

Die Edelweißpiraten sind mehr als eine Jugendmode, sie sind eine Autonomiebewegung, in deren Mittelpunkt der Wunsch steht, sich in seiner Freiheit nicht vom Staat einengen zu lassen. Viele sind mehr oder weniger sozialistisch erzogen und bekommen bereits von zu Hause eine Abneigung gegen militärischen Drill und staatlichen Zwang mit. Die Grenzen von purem Desinteresse zu politischem Bewusstsein sind offen. Je stärker die Verfolgung ist, desto stärker werden auch die Opposition und der aktive Widerstand. Mit zunehmendem Druck des Staates entwickelt sich Hass, der sich in Prügeleien mit HJ-Mitgliedern äußert und zum Verteilen von Flugblättern, Parolen an Häuserwänden bis hin – zumindest in einigen Fällen – zu höchst gefährlichen bewaffneten Aktionen führt.

Zu Beginn hatte sich die Opposition der Edelweißpiraten am Verbot von Fahrten und Zeltlagern entzündet, die nur noch der HJ oder dem BDM erlaubt worden waren. Inzwischen scheren sie sich nicht mehr um diese Einschränkungen und ziehen so wie die Swings per Anhalter durch das Land, treffen sich mit anderen Gruppen. Sie zelten wild und freuen sich des Lebens, wobei auch hier die Mädchen eine wichtige Rolle spielen. Beim Gitarrenspiel am Lagerfeuer singen sie verbotene Lieder oder dichten neue Texte zu alten Melodien: »Hei, wie die Fahrtenmesser blitzen und die Hitlerjungen flitzen.«

Wegen ihrer Kleidung sind die Piraten schon von weitem leicht zu erkennen. So werden sie oft von Streifen der HJ aufgegriffen und unverzüglich der Polizei übergeben. Strenge Verhöre folgen, Ermahnungen und Meldungen an die Schule, den Ausbildungsbetrieb und die Eltern. Doch sie gelten als »tolle Kerle« und werden von manchem bewundert.

Zunächst erscheint alles noch harmlos: Die Schwester eines Edelweißpiraten erinnert sich an die ersten Jahre so: »Seit Hitler an die Macht gekommen war, gab es Widerstand gegen die Nazis. Aber wir dachten damals nicht, daß alles so hart und gefährlich werden sollte. Einige Ältere warnten zwar von Anfang an. Aber die Jüngeren glaubten nicht daran. Es hieß immer nur: einig sein, zusammenhalten, sich nicht unterkriegen lassen. An Folter und Tod dachten wir zu der Zeit natürlich noch nicht. Man hörte so einiges, aber Genaueres wußte man nicht. Die Nazis wagten es noch nicht, hart durchzugreifen.«[15]

Mit dem beginnenden Krieg verschärfen sich die Methoden der Gestapo. Immer mehr Edelweißpiraten geraten in die Fahndung und kommen nicht immer nur mit Ermahnungen davon. Die Verfolgungsbehörden sind darauf aus, Namen von Mitgliedern zu erfahren und schrecken selbst vor Folter nicht zurück. Besonders beliebt und beinahe normal ist die »Verschärfte Vernehmung«, die in einem Erlass bürokratisch genau beschrieben wird: »Einfachste Verpflegung (Wasser und Brot), hartes Lager, Dunkelzelle, Schlafentzug, Ermüdungsübungen, aber auch Verabreichung von Stockhieben ... Verschärfte Vernehmung darf nur angewendet werden gegen Kommunisten, Marxisten, Bibelforscher, Saboteure, Terroristen, Angehörige der Widerstandsbewegungen, Fallschirmagenten, Asoziale, polnische und sowjetrussische Arbeitsverweigerer oder Bummelanten.«[16]

Auf diese Art werden im Ruhrgebiet Ende 1942 viele Gruppen von Edelweißpiraten aufgelöst: in Düsseldorf zehn Gruppen mit 283 Jugendlichen, in Duisburg zehn Gruppen mit 260 Jugendlichen, in Essen vier Gruppen mit 124 Jugendlichen, in Wuppertal vier Gruppen mit 72 Jugendlichen.

In dem Bericht zu dieser Aktion heißt es: »In über 400 Vernehmungen wurden 320 Jugendliche über ihre Zugehörigkeit und Betätigung innerhalb der wilden Gruppen befragt und vorübergehend 130 Jugendliche festgenommen. Drei ältere Personen, davon 2 jüdische Mischlinge ersten Grades, werden wegen ihres besonders verderblichen Einflusses innerhalb der Jugend in Schutzhaft gehalten und einem Konzentrationslager zugeführt. Voraussichtlich wird gegen 140 Jugendliche bei den zuständigen Sondergerichten die Einleitung von Strafverfahren beantragt.«[17]

Mit zunehmender Kriegsdauer und als sich die anfänglichen Kriegserfolge nicht mehr einstellen, haben die Gruppen der Edelweißpiraten verstärkt Zulauf. 1943 wird in einem Bericht an den Justizminister festgestellt, dass allein in Köln mehrere tausend Jugendliche ihr »Unwesen« treiben.

In Düsseldorf tauchen immer wieder Wandparolen mit Sprüchen auf wie »Nieder mit Hitler«, »Orden und Ehrenzeichen für das große Morden«, »Nieder mit der Nazi-Bestie«. Das heimliche, streng unter Strafe stehende Hören von ausländischen Radiostationen und das

Verfassen von Flugblättern sind dann schon richtige Widerstandsaktivitäten.

1944 werden von der Gestapo »Richtlinien zur Bekämpfung jugendlicher Cliquen« festgelegt und die Jugendlichen endgültig als Staatsfeinde und Hochverräter eingeordnet. Insbesondere deren Agitation gegen den Krieg zeigt Wirkung, und so lautet die Folgerung für die Staatsmacht: »Überwachung und Bekämpfung der Cliquen sind kriegswichtig.«

Zahlreiche Edelweißpiraten werden verhaftet und bestraft, viele ins KZ Moringen gebracht. Aber das Problem bekommen die Behörden trotz ihrer drakonischen Maßnahmen nicht in den Griff. Immer mehr und vor allem immer jüngere Jungen und Mädchen stoßen zu den Gruppen und wollen aktiv werden. Nach den verheerenden Bombenangriffen auf die deutschen Städte und dem massenhaften Tod von Verwandten und Bekannten setzt sich die Erkenntnis durch, dass dieser Krieg nicht mehr zu gewinnen ist.

Der jugendliche Widerstand nimmt auch deswegen zu, weil sich die Rolle der jungen Menschen im Krieg und durch den Krieg drastisch verändert. Jungen wie Mädchen werden auf einen möglichen Kriegseinsatz vorbereitet und können ihre Jugend nicht mehr ausleben. Hitler drückt es in einer Rede so aus: »Meine Hitler-Jugend! Mit Stolz und Freude habe ich eure Meldung als Kriegsfreiwillige des Jahrgangs 1928 entgegengenommen … Ihr aber, als junge nationalsozialistische Kämpfer, müßt unser ganzes Volk an Standfestigkeit, zäher Beharrlichkeit und unbequemer Härte noch übertreffen. Der Lohn des Opfers unseres heldenmütigen jungen Geschlechts wird im Sieg zur stolzen und freien Zukunft unseres Volkes und nationalsozialistischen Reiches führen.«[18]

Die aus Sicht des Staates Besorgnis erregenden Berichte über Cliquenbildung mehren sich. In Celle arbeitet eine »Al-Capone-Bande«; in Stettin verüben jugendliche Einbrecher ihre Taten »nach amerikanischer Art«; in Königsberg ist die Bevölkerung durch jugendliche Banden beunruhigt; in Alfeld bei Hildesheim bildet sich ein »Schlangenklub«, dessen Mitglieder Angehörige der HJ belästigen; in Gelsenkirchen, Essen, Bochum, Wattenscheid und Köln sind die Edelweißpiraten aktiv. So auch in Leipzig und Wismar, wo Angehörige der HJ »misshandelt« werden. In Düsseldorf druckt die Clique »Club der goldenen Horde« Plakate mit der Aufschrift »Nieder mit Hitler – wir wollen die Freiheit«.

Im Kölner Arbeiterstadtteil Ehrenfeld gibt es auch eine Gruppe der Edelweißpiraten. Sie treffen sich in der Umgebung Kölns am See, spielen Fußball, singen zur Gitarre und lieben das freie Leben am Lagerfeuer. Es gibt immer wieder heftige Auseinandersetzungen mit der HJ. Mal beziehen die HJ-Jungen Prügel, mal die Edelweißpiraten.

Bartholomäus Schink, mit Spitznamen Barthel genannt, gehört zu den Piraten. Er wurde 1927 geboren und trifft erstmals im Alter von neun Jahren zu der Kölner Gruppe. Sein Vater hatte sich vom Arbeiter zum Postbeamten hochgearbeitet und ist stolz auf das Erreichte; Fleiß, Pünktlichkeit und Zuverlässigkeit sind sein Kapital. Politik ist nichts für ihn, denn eine Familie mit sechs Kindern anständig durchzubringen ist zu dieser Zeit nicht einfach.

Barthel und die anderen Jungen namens Büb, Bubes und Addi wachsen heran, haben die Nase schnell voll von der HJ, erleben dann im Krieg aus nächster Nähe und bewusst, wie das Regime Menschen verachtet und verbraucht.

In diesem Kölner Stadtteil leben vor allem einfache Menschen, die zumindest misstrauisch gegenüber den Nationalsozialisten sind und nicht sofort zur Polizei laufen, wenn sie etwas Verdächtiges sehen. So lebt dort manch entflohener Häftling und Zwangsarbeiter, Deserteur und Jude in Verstecken im Untergrund.

Mit solchen Menschen kommen die Ehrenfelder Edelweißpiraten in Kontakt und lernen ihre schwierige Lage kennen. Das Hauptproblem besteht darin, dass diese Menschen keinerlei Einkommen oder Vermögen haben und mit dem Notwendigsten zum Leben und Überleben versorgt werden müssen. Lebensmittel sind gegen Ende des Kriegs Mangelware und nur auf Lebensmittelkarten zu bekommen. Alle legalen und illegalen Wege werden genutzt, um an Lebensmittel oder die dafür notwendigen Karten zu kommen. Die Piraten brechen in Büros ein, wo Lebensmittelkarten lagern, tauschen diese dann gegen Nahrungsmittel ein und schmuggeln sie zu den Untergetauchten.

Dabei lernen sie auch polnische und russische Zwangsarbeiter kennen, die in Lagern gehalten werden und am Rande der Existenz vor sich hinvegetieren. Da die meisten deutschen Männer im Krieg sind und damit kaum Arbeitskräfte zur Verfügung stehen, wird in Deutschland ein gigantisches System von Zwangsarbeit aufgebaut, um die Landwirtschaft und Industrie wenigstens notdürftig am Leben zu erhalten. Aus den besetzten Ländern werden die so genannten »Fremdarbeiter« verschleppt und meist unter menschenunwürdigen Arbeitsbedingungen beschäftigt. Im Jahre 1944 werden so fast acht Millionen Ausländer gezwungen, in Deutschland zu leben. Die meisten bekannten deutschen Großunternehmen sowie zahlreiche kleinere Firmen setzen Zwangsarbeiter ein und profitieren damit von diesem System.

Barthel freundet sich mit Wanja an, einer Zwangsarbeiterin aus der Ukraine, und erfährt durch sie von diesen unwürdigen Lebensumständen. In einer Anweisung heißt es: »All diese Menschen müssen so ernährt, untergebracht und behandelt werden, daß sie bei denkbar sparsamsten Einsatz die größtmögliche Leistung hervorbringen … Die Ausübung des Geschlechtsverkehrs ist den Arbeitskräften aus dem altsowjetischen

Gebiet verboten. Durch die streng abgeschlossene Unterbringung haben sie auch an sich keine Gelegenheit dazu. Für jeden Geschlechtsverkehr mit deutschen Volksgenossen oder Volksgenossinnen ist bei männlichen Arbeitskräften aus dem altsowjetischen Gebiet Sonderbehandlung, bei weiblichen Arbeitskräften Einweisung in ein KZ zu beantragen.«[19] Mit dem Wort »Sonderbehandlung« wird gegen Kriegsende Erschießen ohne vorheriges Gerichtsverfahren umschrieben.

Die Bemühungen der Jugendlichen, drangsalierten Menschen zu helfen, führt immer tiefer in illegale Aktionen. Um an Lebensmittel zu kommen, nehmen sie Verbindung mit einer kommunistischen Gruppe auf, dem Ehrenfelder Ableger des »Nationalkomitees Freies Deutschland«. Dieses Komitee war 1943 in Moskau gegründet worden, hatte nach der Niederlage von Stalingrad zahlreiche deutsche Kriegsgefangene als Hitler-Gegner gewinnen können, mit dem Ziel, die deutschen Soldaten dazu zu bewegen, ihre Waffen gegen Hitler einzusetzen. Zahlreiche Emigranten wie Walter Ulbricht, Wilhelm Pieck oder Erich Weinert, die später in der DDR eine führende Rolle spielen sollten, gehören dem Komitee an. Über den landesweit zu empfangenden Radiosender »Freies Deutschland« werden täglich Nachrichten und verschlüsselte Botschaften an die Gruppen in Deutschland, so auch an die in Köln gesendet.

Im Herbst 1943 stößt Hans Steinbrink zu den Kölner Edelweißpiraten. Auch er muss untertauchen, denn er ist aus dem KZ Buchenwald geflüchtet. Seine Aufgabe im KZ hatte darin bestanden, Bomben zu entschärfen, die nach dem Abwurf von englischen und amerikanischen Bombern nicht explodiert waren. Daher sein Spitzname: »Bomben-Hans«. Nach Köln kommt er, weil dort einer seiner Freunde wohnt und ihm ein Versteck vermittelt.

Bomben-Hans ist Mitte zwanzig und begeistert die jüngeren Edelweißpiraten. Dieser Teufelskerl schafft es nicht nur, aus einem KZ zu fliehen, er kann auch sonst gut organisieren, besorgt Essen, Geld und – Waffen. Bomben-Hans führt bald die Gruppe und plant die Aktionen. Barthel und einige seiner jungen Freunde machen mit. Angesichts des bevorstehenden Kriegsendes will man sich nach dem Vorbild der Partisanen betätigen. Sie versuchen an Waffen, Munition, Lebensmittel und Geld zu kommen, um ihren Kampf gegen die Nazis in Köln organisieren zu können. Ziel ist dabei, so lange durchzuhalten, bis die amerikanischen Truppen die ersehnte Befreiung bringen.

In der Kölner Schönsteinstraße 7 richten sich die Jungen in einer verlassenen Wohnung ein, bauen sich ein Versteck, in dem sie ihre inzwischen zahlreichen Waffen, dazu Sprengstoff und Zünder lagern. Barthel taucht in den Untergrund ab und lässt sich zu Hause nur noch selten sehen. Seine besorgte Mutter sagt jedem, der sich nach ihrem Sohn erkundigt, er sei am Westwall. Dort wird versucht, eine letzte Bastion gegen die heran-

Carl Friedrich Goerdeler (unten) wird im August 1944 von der Gestapo festgenommen und vom Volksgerichtshof zum Tode verurteilt (oben).

Georg Elser (oben links) fertigt auf Verlangen seiner Verhörer in der Haft einen detailgetreuen Nachbau seines Sprengkörpers (oben rechts). Unten: Der zerstörte Saal des Bürgerbräukellers

Oben: Sophie Scholl beim Abschied von ihrem Bruder Hans (zweiter von links), der in eine Studentenkompanie abkommandiert wurde. Unten links: Sophie Scholl (1940), unten rechts: Hans Scholl (um 1942)

1944 werden Edelweißpiraten und Swings von der Gestapo als Hochverräter eingestuft und gnadenlos verfolgt. Aus diesem Jahr stammen die beiden Aufnahmen der Kölner Edelweißpiraten im Beethovenpark (oben) und von Bartholomäus Schink (links).

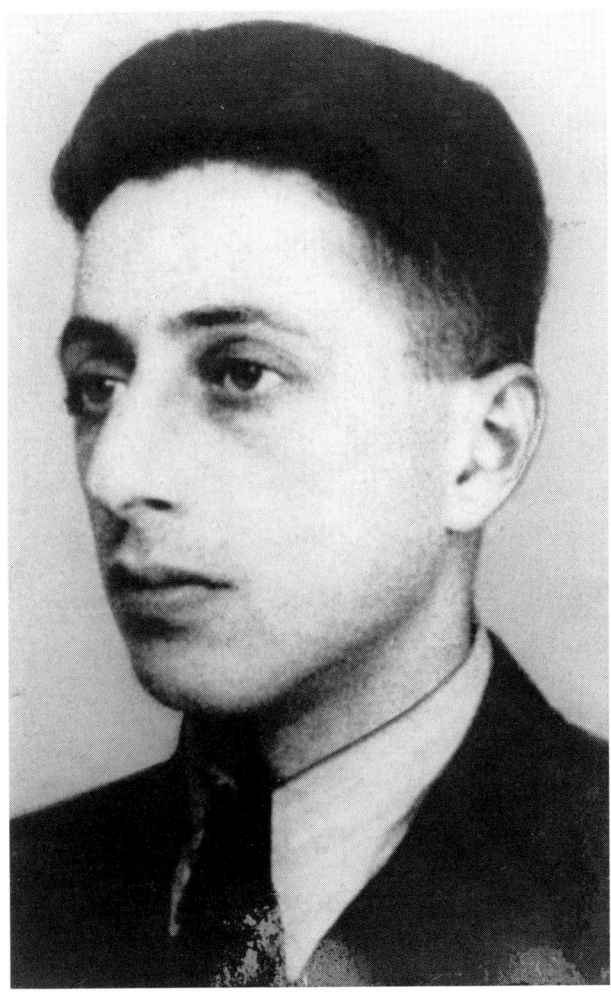

*Herbert Baum ist führendes Mitglied gleich mehrerer Widerstands-
gruppen. Seine Widerstandsaktivitäten sind dreifach motiviert: Baum
ist diskriminierter und verfolgter Jude, politisch linksorientierter Gegner
der Nationalsozialisten wie auch der intellektuellen Gleichschaltung
durch die NSDAP.*

Die Amerikanerin Mildred Harnack-Fish (hier mit ihrem Mann Arvid Harnack, dem sie nach Deutschland gefolgt ist) hat beste Kontakte zu Emigranten in ganz Europa. 1943 wird sie als einzige amerikanische Widerstandskämpferin von den Nationalsozialisten hingerichtet.

Martin Niemöller, Symbolfigur des religiösen Widerstands, hatte es gewagt, Hitler zu widersprechen. Er muss dies mit jahrelanger Haft in Gefängnissen und Konzentrationslagern bezahlen. Hier mit einem US-Offizier kurz nach seiner Befreiung aus dem KZ Dachau im April 1945.

Oben rechts: Stauffenberg im Jahre 1937. Oben links: Im Jahr 1940 mit seinen drei Söhnen. Unten: Im Juli 1944 begrüßt Hitler Offiziere zu einer Besprechung im Führer-hauptquartier Wolfsschanze (Stauffenberg ganz links).

rückenden Amerikaner zu errichten; allerdings sind nur alte Leute und Kinder übrig, um dort den »Endsieg« zu erkämpfen.

Inzwischen werden in Ehrenfeld regelrechte Partisanenaktionen durchgeführt. Anschläge auf Eisenbahnzüge, Schießereien mit der Gestapo und der Polizei gehören dazu; es gibt Tote und Verletzte. Später wird der Kölner Generalstaatsanwalt folgende Bilanz ziehen: »In erster Linie ist hier die Großbande zu nennen, die seit August 1944 im Stadtteil Köln-Ehrenfeld ihr Unwesen trieb. Nach den Feststellungen der Staatspolizei zählte sie 128 Köpfe. Sie setzte sich in gleicher Weise aus Deutschen und Ausländern zusammen. Sie terrorisierte nicht nur die Zivilbevölkerung, sondern hatte es auch darauf abgesehen, politische Leiter der NSDAP zu beseitigen. In ihren Reihen befanden sich auch viele Jugendliche im Alter von 16−18 Jahren, ja sogar von 15 Jahren … Unter den Ermordeten befinden sich 5 politische Leiter, 1 SA-Mann, 1 HJ-Angehöriger, 6 Polizeibeamte, darunter der Leiter der Staatspolizeistelle Köln, SS-Sturmbannführer Reg. Rat. Hofman … und zwei weitere Beamte der geheimen Staatspolizei.«[20]

Als Nächstes plant die Gruppe einen Sprengstoffanschlag auf das Kölner Gestapo-Hauptquartier. Dazu kommt es aber nicht mehr. Die Polizei hat das Gruppenversteck in der Schönsteinstraße entdeckt und sucht fieberhaft nach den Piraten. Bomben-Hans und seine jungen Helfer wollen ein Mädchen befreien, das sich noch in dem Versteck aufhält und von der Polizei beobachtet wird. Dabei geht einiges schief, das gestohlene Auto der Jugendlichen bockt, alle verlieren die Nerven, sie schießen aus ihren Waffen und flüchten kopflos.

Einige Tage später wird einer nach dem anderen verhaftet. Insgesamt sind es 60 Jugendliche, die festgenommen werden, unter ihnen auch Barthel. Bomben-Hans versucht bei seiner Festnahme zu flüchten, erschießt einen Wachmann, wird selbst angeschossen, findet einen Arzt, wird aber von der Gestapo entdeckt und ebenfalls verhaftet.

Die Jugendlichen werden in das Gestapo-Hauptquartier in der Elisenstraße gebracht, in das Haus, das sie noch kurz zuvor in die Luft sprengen wollten. Dort werden sie schwer misshandelt und gestehen schließlich unter Folter ihre Taten.

Auch Barthel gesteht.

Es gibt keinen Verteidiger und keinen Prozess. Am 10. November 1944 werden sechs der Ehrenfelder Edelweißpiraten an der Schönsteinstraße Ecke Venloerstraße an provisorischen Galgen aus Holzbalken gehängt. An der gleichen Stelle waren am 25. Oktober 1944 elf Zwangsarbeiter aus Osteuropa gehängt worden, wegen angeblicher Plünderungen während der Bombenangriffe.

Viele Menschen sehen zu, niemand wagt etwas zu sagen. Die Leichen hängen fast den ganzen Tag am Strick.

Nach dem Krieg wurden die Taten Barthels und der Edelweißpiraten unterschiedlich bewertet. Für die einen war Barthel eine Lichtgestalt des jugendlichen Widerstandes, für andere einfach nur ein Krimineller.

1952 beantragte Barthels Mutter Gertrud Schink die Anerkennung ihres Sohnes als Widerstandskämpfer. Nach zehn Jahren wurde dieser Antrag abgelehnt; die Edelweißpiraten seien nicht verfolgt worden, sondern hätten Raub und Mord begangen. 1978 schließlich entfachte ein Bericht der Fernsehsendung »Monitor« die längst fällige Diskussion um Bartholomäus Schink. Der Kölner Regierungspräsident Franz-Josef Antwerpes nahm sich des Falles an und ließ ihn erneut untersuchen. Seine Beamten kamen zu dem Ergebnis, dass die Ablehnung als Widerstandskämpfer korrekt gewesen sei.

Doch die Diskussion ging weiter. 1984 erhielt Barthels Schwester Karoline stellvertretend für ihren toten Bruder in der Gedenkstätte Yad Vashem in Jerusalem die Auszeichnung »Gerechter unter den Völkern«. Dies ist die höchste Auszeichnung, die der Staat Israel an Nichtjuden vergibt. Mit dem Titel werden Menschen geehrt, die während der Zeit der nationalsozialistischen Diktatur unter Einsatz ihres eigenen Lebens das Leben verfolgter Juden gerettet haben. Daraufhin befasste sich der Landtag Nordrhein-Westfalens mit dem Fall und ließ ein wissenschaftliches Gutachten erstellen. Dieses kam zu dem Ergebnis, dass Bartholomäus Schink weder ein Widerstandskämpfer noch ein Krimineller gewesen sei.

Die Gruppe um Bomben-Hans habe zwar durch Lebensmitteldiebstähle wie den »Butterklau«, bei dem 26 Zentner Butter aus dem Lager der Nazis gestohlen wurden, dem Regime geschadet, aber als Widerstand gegen das Regime sei dieses nicht zu verstehen. Die Verwirrung war damit perfekt.

Mehr als 60 Jahre nach dem Tod der Kölner Edelweißpiraten wurde diese skandalöse Bewertung endlich aufgegeben. Am 16. Juni 2005 erkannte der Kölner Regierungspräsident Jürgen Roters vier der Jugendlichen – unter ihnen Bartholomäus Schink – als Widerstandskämpfer an.

Beim Thema Widerstand setzte sich damit eine angemessene und zeitgemäße Definition durch: »Jede nicht ausschließlich eigennützige Form staatlich verfolgten Aufbegehrens gegen das Hitler-Regime ist als Widerstand zu klassifizieren. Daher sind neben der Militäropposition, der Weißen Rose und den Hitler-Gegnern aus dem Bürgertum auch die Angehörigen des Nationalkomitees Freies Deutschland anzuerkennen, die Edelweißpiraten ebenso wie ›Wehrkraftzersetzer‹ und ›Judenretter‹.«[21]

»... dass mir als Jude Unrecht geschieht.«
Die Gruppen um Herbert Baum (1912–1942) und der jüdische Widerstand

Herbert Baum hatte zusammen mit seiner Frau Marianne und dem befreundeten Ehepaar Sala und Martin Kochmann mehrere Widerstandsgruppen um sich versammelt. Die vier, 1912 geboren und damit etwas älter als die Studenten der Weißen Rose, kannten sich seit der Schulzeit. Sie und viele ihrer jüngeren Freunde waren jüdischer Herkunft und kamen aus der jüdischen Jugendbewegung. Sie stammten aus dem Arbeiter- und Kleinbürgermilieu und waren somit vertraut mit der politischen Meinung von Sozialisten und Kommunisten.

Die illegalen Widerstandsaktivitäten der Ehepaare Baum und Kochmann waren dreifach motiviert: als linksorientierte politische Gegner der Nationalsozialisten, als diskriminierte und verfolgte Juden sowie als junge Menschen, die sich der Gleichschaltung widersetzten. Als ab September 1941 der Judenstern getragen werden musste und die Deportation in die Vernichtungslager zur täglichen Gefahr wurde, gingen sie in den Untergrund. Höhe- und tragischer Endpunkt ihres Widerstandes war ein Brandanschlag auf die antikommunistische und antisemitische Propagandaausstellung »Das Sowjetparadies« im Mai 1942 in Berlin. Wenige Tage später wurden die Täter gefasst und über zwanzig Mitglieder der Gruppe zum Tode verurteilt. Herbert Baum kam nach schweren Folterungen in der Haft ums Leben, wahrscheinlich durch Selbstmord.

Herbert Baum wird am 10. Februar 1912 in Moschin, einem kleinen Ort in der Nähe des damals preußischen Posen, geboren. Sein Vater ist Buchhalter. Nach dem Ersten Weltkrieg, in dessen Folge weite Teile Westpreußens polnisch werden, zieht die Familie 1918 nach Berlin. Herbert Baum besucht erfolgreich die Mittelschule und wird 1928 Elektriker; auf der Abendschule bildet er sich weiter und strebt den Beruf des Elektroingenieurs an. Seit seinem 13. Lebensjahr ist er Mitglied bei den »Roten Falken« – der Kinderorganisation der SPD – und kommt erstmals mit linksgerichteten Theorien in Berührung. Zwei Jahre später ist er Mitglied in einer jüdischen Jugendgemeinschaft, die später im »Ring – Bund deutsch-jüdischer Jugend« aufgehen wird. 1931 tritt er auch dem Kommunistischen Jugendverband (KJVD) bei. Der »Bund« geht aus verschiedenen jüdischen Jugendorganisationen hervor und ist weniger politisch ausgerichtet. Stattdessen steht die Geschichte der Juden, die Verbindung von jüdischer und deutscher Identität im Mittelpunkt. Später, unter dem zunehmenden Druck der antisemitischen Politik, wird hier durch Umschulungs- und Weiterbildungsmaßnahmen für viele junge Menschen die Auswanderung nach Palästina vorbereitet.

Marianne Cohn ist genau einen Tag älter als Herbert; sie stammt aus dem Elsass. Die beiden begegnen sich im jüdischen Jugendverband und erkennen bald, dass sie ähnliche politische Ansichten haben. Das genaue Datum ihrer

Hochzeit ist unbekannt, sie heiraten zwischen 1934 und 1936. Marianne arbeitet als Säuglingsschwester in einem jüdischen Kinderheim, später in einem Kindergarten.

Während die jüdischen Jugendbünde sich vor der Machtergreifung nicht wesentlich von den nicht jüdischen Vereinen in der Tradition der Wandervogelbewegung unterscheiden, ändert sich diese Situation deutlich nach 1933. Juden werden nun immer stärker aus der deutschen Gesellschaft ausgegrenzt und diskriminiert. Im Laufe des Jahres 1935 folgt Judengesetz auf Judengesetz. Jüdische Bürger werden als Menschen minderen Rechts eingestuft und sind von da an Staatsangehörige ohne politische Rechte. Das »Blutschutzgesetz« stellt Eheschließung und Geschlechtsverkehr zwischen Juden und Nichtjuden unter Strafe. Strafbar für Juden ist nun auch das Hissen der Hakenkreuzfahne. Selbstverständlich können Juden ab diesem Zeitpunkt kein öffentliches Amt mehr bekleiden, kurz darauf dürfen sie weder als Ärzte noch als Rechtsanwälte arbeiten.

Diese Maßnahmen führen dazu, dass viele junge Juden, die sich bisher weder für die Tradition ihrer Vorfahren noch für die jüdische Religion interessiert haben, plötzlich in ihrer Rolle als Außenseiter auf ihr Judentum besinnen. Sie sind »Jude per Dekret«, weil einer ihrer Eltern- oder Großelternteile Juden sind, und lernen nun mühsam, sich in die für sie neue Welt einzuleben. Viele von ihnen treten wieder oder erstmals der Jüdischen Gemeinde bei.

Bald ist die überwiegende Mehrheit aller jüdischen jungen Menschen in Jugendbünden organisiert, die in ihrer politischen Einstellung sehr unterschiedlich sind. Von betont deutsch bis zionistisch, von liberal bis äußerst linkssozialistisch ist alles vertreten. Die Anziehungskraft der jüdischen Bünde – durchaus auch für Nichtjuden – liegt darin, dass sich dort jenseits der Gleichschaltung in der Hitlerjugend ein eigenständiges und vielfältiges Leben erhalten hat. Die Traditionen der Pfadfinderbünde ebenso wie sozialistische Ideen können unter dem Dach dieser Jugendverbände weiterexistieren und dies mitten im nationalsozialistischen Deutschland und unter den Augen der Gestapo. Das führt nun wiederum dazu, dass Kommunisten und radikale Linke in den meisten jüdischen Jugendbünden mitarbeiten, einerseits zur Tarnung, andererseits natürlich, um dort Werbung für ihre Politik zu machen.

Auf diesem Hintergrund wird verständlich, warum Herbert Baum und seine Freunde in verschiedenen Gruppen tätig sind und warum sich ein Netz von lockeren, informellen Beziehungen zwischen diesen Menschen bildet.

Herbert Baum ist ab 1934 Organisationsleiter eines Unterbezirks des Kommunistischen Jugendverbandes, natürlich in der Illegalität und höchst geheim. Da bereits kurze Zeit darauf Massenverhaftungen, speziell unter den Kommunisten, erfolgen, wird diese politische Arbeit zu gefährlich. Die von nun an vorherrschende Organisationsform der Widerständler ist die Zelle mit meist nur sehr wenigen Mitgliedern. Da Aktionen wie das Verteilen von Flugblättern oder gemalte Parolen an Häuserwänden ständig mit der Gefahr verbunden sind, aufgedeckt zu werden, beschränkt man sich auf die legale Arbeit in den jüdischen Jugendverbänden, die noch nicht verboten sind.

Um 1935 verlassen Herbert Baums Eltern mit den Geschwistern Ruth und Max Deutschland, um sich in Brasilien eine neue Existenz aufzubauen. Der damals 23-jährige Herbert bleibt zurück. Er sieht sich als politischer Mensch, der seinen Gesinnungsfreunden näher steht als seiner Familie. Eine Rolle spielt sicher auch seine Frau Marianne, mit der er seine politischen Aktivitäten besprechen kann.

Im Bekanntenkreis von Herbert Baum lernen sich auch Sala Rosenbaum und Martin Kochmann kennen, die 1938 heiraten. Die beiden Ehepaare bleiben in den folgenden Jahren eng befreundet, planen und organisieren ihre Aktionen nun zumeist gemeinsam.

In ihrem großen Bekanntenkreis von etwa einhundert Menschen ist ständig Bewegung; manche von ihnen wandern aus, manche werden von der Polizei beobachtet oder sogar verhaftet, vor allem wenn sie aus kommunistischen Gruppen stammen. So kommt nie eine koordinierte politische Arbeit zustande, die sich auf einen festen Stamm von Menschen stützen könnte. Herbert Baum ist es, der die Gabe besitzt, seinen Freunden Halt und Perspektive zu geben. Er strahlt Autorität aus und die anderen akzeptieren ihn als Führungspersönlichkeit.

Nach dem 9. November 1938, als das Judenpogrom mit der »Reichskristallnacht« die Existenz von vielen jüdischen Menschen vernichtet, Hunderte von Synagogen in Feuer aufgehen und die Verfolgungen systematisiert werden, verschärft sich auch die Lage der Gruppen um Herbert Baum. Soweit sie jüdischer Abstammung sind, verlieren die meisten Mitglieder ihre Arbeitsstellen oder Ausbildungsplätze und müssen sich mit Gelegenheitsjobs notdürftig ihren Lebensunterhalt verdienen. Die jüdischen Jugendgruppen werden verboten und die illegale kommunistische Leitung der KPD erlässt die Weisung, sich von jüdischen Mitgliedern zu trennen; ihre Mitarbeit scheint viel zu gefährlich.

1939, kurz vor Beginn des Zweiten Weltkriegs, sorgt ein völlig unerwartetes Ereignis für Verunsicherung insbesondere bei den deutschen Kommunisten. Am 23. August 1939 wird in Moskau der deutsch-sowjetische Nichtangriffspakt von den Außenministern Joachim von Ribbentrop und Wjatscheslaw Molotow unterzeichnet. Der Pakt sieht vor, dass Russland und Deutschland neutral bleiben, falls einer der Staaten einen Krieg beginnt oder angegriffen wird. In einem geheimen Zusatzprotokoll wird die Aufteilung Nordost- und Südeuropas festgelegt: Polen soll geteilt werden, die baltischen Staaten sowie Finnland sollen in den sowjetischen

Interessenbereich übergehen. Dieser Pakt hat Folgen weit über den Weltkrieg hinaus; die neue Westgrenze der Sowjetunion bleibt auch nach 1945 erhalten und ist heute noch die polnische Ostgrenze. Zu diesem Zeitpunkt ist ein Krieg gegen Russland auf deutscher Seite bereits weitgehend beschlossen. Auch Russland rüstet. In Wirklichkeit ist dieser Pakt der Startschuss zum Zweiten Weltkrieg, denn Hitler weiß, dass Russland bei einem Angriff auf Polen wegen seiner eigenen Interessen stillhalten wird.

Der Schock dieser völligen Kehrtwende von Stalins Politik sitzt tief und wirkt nach. Der kommunistische Widerstand in Deutschland kommt fast völlig zum Erliegen.

Nach Beginn des Krieges im Herbst 1939 verschlimmert sich die Situation für Herbert Baum und seine jüdischen Freunde weiter. Sie werden 1940 zur Zwangsarbeit verpflichtet, bei der sie besonders intensiv beobachtet und beim kleinsten Vergehen hart bestraft werden. Herbert Baum, seine Frau und mehrere Bekannte müssen in einem Werk des Siemens & Schuckert-Konzerns wie Sklaven für einen Hungerlohn arbeiten. Kontakte zu anderen Kollegen sind streng untersagt. Dazu kommen die vielen sonstigen Schikanen: Juden dürfen keine Theater, Kinos, Ausstellungen oder Badeanstalten besuchen; sie dürfen keine Zeitungen kaufen, keine Autos, Telefone oder Schreibmaschinen besitzen; schließlich müssen sie auf der

Straße und bei der Arbeit einen Davidstern mit der Aufschrift »Jude« an ihrer Kleidung tragen. So ist es nicht verwunderlich, dass sie als Mitglieder einer verfolgten Minderheit immer stärker isoliert sind und versuchen, sich trotz all der Demütigungen ein wenig Selbstbewusstsein zu bewahren.

Als Hitler am 22. Juni 1941 den Nichtangriffspakt bricht und in die Sowjetunion einmarschiert, ist die Welt für die politisch linksorientierten Menschen wieder in Ordnung. Es herrschen klare Fronten, und die Hoffnungen richten sich darauf, dass der Krieg, der sich nun zum Weltkrieg entwickelt hat, früher oder später zur Niederlage Hitlers führen wird. Das erwarten inzwischen selbst viele Deutsche, wenn auch die Furcht vor den Russen allgegenwärtig ist. Aus Sicht der jüdischen Menschen ist die Hoffnung mehr als verständlich, obwohl sie keineswegs über die tatsächlich in Russland herrschenden Zustände informiert sind. Keiner der Menschen um Herbert Baum kennt die Sowjetunion aus eigener Anschauung, keiner weiß etwas von Straflagern und Stalins brutalem Umgang mit »Genossen«, die eine abweichende Meinung vertreten und rücksichtslos getötet oder verbannt werden.

Herbert Baum ist fest davon überzeugt, dass der Krieg im Laufe des Jahres 1942 beendet sein wird. Ein Mitglied der Gruppe – Herbert Budzislawski – drückt dieses Gefühl später in seiner Vernehmung so aus: »Ich hatte das Empfinden, daß mir als Jude im nationalsozialistischen

Deutschland Unrecht geschieht. Ich suchte nach einem Ausweg, der es mir ermöglichte, weiterhin in Deutschland als Mensch zu leben. Ich kam zu der Überzeugung, dass ich nur in einem ›sozialistischen Staat‹ als Mensch anerkannt würde.«[1]

Das Frühjahr 1942 ist von hektischen Aktivitäten der Gruppe geprägt. Untergrundkämpfer arbeiten höchst konspirativ, wollen keine Spuren hinterlassen und führen daher kein Tagebuch, schreiben keine Briefe. Da auch die späteren Vernehmungsprotokolle Herbert Baums bis heute nicht aufgefunden wurden, sind viele Einzelheiten unklar und unbekannt. Aus den wenigen Berichten von Überlebenden muss daher mit aller Vorsicht das Geschehen rekonstruiert werden.

Aus Sicht der jüdischen Mitstreiter von Herbert Baum ist die Lage äußerst ernst. Sie sehen, wie immer mehr Bekannte und Freunde von der Gestapo abgeholt und in die Vernichtungslager deportiert werden. Bereits im Oktober 1941 hatten die systematischen Transporte von Juden in den Osten begonnen. Edith Fraenkel aus dem Kreis um Herbert Baum schreibt in ihr Tagebuch: »Unter uns Juden wird jetzt wieder mal gehaust. Es werden Kündigungen u. Kündigungen abgesandt. Wir sind bis jetzt noch verschont geblieben … Frau Friedländer, Muttis Mittagsgast, hat heute auch Nachricht bekommen, daß sie geholt wird. Die arme, arme Frau … Wir waren heute bei Baums. Wie ist es möglich, daß

Baums noch so guter Dinge sind? Soll ich mir daran ein Beispiel nehmen o. nicht? Nehmen Baums nicht die ganze Sache zu leicht?«[2]

Unter dieser schrecklichen Bedrohung wollen die jungen Menschen tätig werden, irgendwie die unvermeidliche Niederlage Hitlers beschleunigen. Sie gehen nun endgültig in den Untergrund, knüpfen weitere Kontakte und versuchen, in der Illegalität zu überleben.

Herbert Baum scheint dabei sehr erfindungsreich zu sein, er kann gut organisieren und beschafft zunächst einmal das Wichtigste: eine gefälschte Identität. Neue Ausweispapiere sind nur schwer zu besorgen, aber auf der Arbeitsstelle Baums im Siemens-Werk arbeiten viele ausländische »Fremdarbeiter«, unter anderem auch Franzosen und Belgier. Deren Identität anzunehmen, ist verhältnismäßig sicher, denn inzwischen gehören ausländische Zwangsarbeiter zum täglichen Bild in den Straßen Berlins. So treten einige Mitglieder der Gruppe nun als Franzosen auf.

Herbert Baum jedoch hat den Namen Karl Dürr angenommen und mietet sich illegal ein Zimmer unter diesem Namen. Werner Steinbrinck hatte ihm Papiere auf den Namen eines Soldaten gestohlen. Dieser Steinbrinck und sein Mitkämpfer Joachim Franke stoßen zu Herbert Baum und spielen bei den folgenden Ereignissen eine vielleicht entscheidende Rolle. Die beiden sind keine Juden, sondern haben eine kommunistisch orientierte Gruppe um sich versammelt. Sie treten mit

Baum in Kontakt, in der Annahme, dieser habe Verbindungen zur illegalen Leitung der KPD. Das ist keineswegs der Fall, aber Baum vermutet seinerseits, dass die beiden als Abgesandte der KPD auftreten. So gibt es manches Missverständnis, und doch arbeitet die Gruppe fieberhaft zusammen, wenn auch nicht immer wohl überlegt. Parolen werden an Wände gemalt, Flugblätter geschrieben und verteilt, geheime Quartiere und Lager angelegt, so auch in einem Mausoleum auf dem Jüdischen Friedhof in Berlin-Weißensee. Aus jeder Aktion spricht die Panik, dass man möglicherweise zu spät kommt und vor der Entdeckung nichts mehr ausrichten kann.

Für falsche Papiere, für getarnte Quartiere, für Flugblätter benötigt man Geld, was Herbert Baum fehlt. So verfällt er auf eine sonderbare Idee zur Beschaffung von Mitteln. Am 7. Mai 1942 morgens um sieben Uhr klingeln Baum und Steinbrinck bei der jüdischen Familie Freundlich in der Lietzenburger Straße, zeigen ein halbwegs amtlich aussehendes Papier vor und teilen mit, sie seien von der Gestapo und sollten Wertsachen beschlagnahmen. Hintergrund dieser Aktion ist die Tatsache, dass Juden vor ihrer Deportation ihre Wertgegenstände abgeben müssen. Die alten, eingeschüchterten Eheleute übergeben ein Landschaftsgemälde, eine Reiseschreibmaschine, zwei Fotoapparate, ein Opernglas sowie einen Sack mit Teppichen. Da ihnen die jugendlichen »Beamten« doch etwas merkwürdig erscheinen, erstatten sie Anzeige. Die Zeitungen berichten am nächsten Morgen über das »Banditenstück« mit den falschen Polizisten – allerdings ohne zu erwähnen, dass die Opfer Juden sind. Die ganze Aktion bringt Baum und seinen Helfern nichts ein, die Beute ist viel zu heiß, als dass man sie verkaufen könnte.

Inzwischen sind die unmenschlichen Maßnahmen gegen Juden weiter verschärft worden. Seit dem 15. April muss jede Wohnung, in der ein Jude wohnt, mit einem Judenstern gekennzeichnet werden, ab dem 22. April dürfen Juden keinen Friseur mehr aufsuchen, ab 24. April dürfen sie nicht mehr die Straßenbahn oder den Bus zur Arbeit benutzen. Wut und Ohnmacht der jungen Menschen wachsen.

Anfang Mai wird die Ausstellung »Das Sowjetparadies« im Berliner Lustgarten in der Nähe von Schloss und Dom eröffnet. Eine riesige Schau auf 9.000 Quadratmetern in großen Zelten soll die Bevölkerung auf den Krieg gegen Russland einschwören. Das Spektakel wird in Berlin großflächig unter dem Motto »Die Hölle des Sowjetparadieses – Originaldokumente zerreißen den Schleier« angekündigt und will »Armut, Elend, Verkommenheit, Hunger und Not« in der Sowjetunion anprangern.[3] Die Überlegenheit des »germanisch-deutschen Herrenmenschen« soll demonstriert und die angebliche Primitivität der russischen Menschen drastisch gezeigt werden. An antisemitischer Hetze mangelt es natürlich auch nicht.

Herbert Baum und seine Freunde sind von dem Propagandarummel verstört und wollen gegen diese Ausstellung angehen. Von Flugblättern ist die Rede, von »Gegenpropaganda«; sie besichtigen die Schau, um geeignete Orte auszuspähen, wo man vielleicht Flugschriften auslegen könnte. Herbert Baum soll dann in seiner Wut gesagt haben, es sei am besten, die ganze Ausstellung anzuzünden.[4]

Was eher als beiläufige Bemerkung gedacht war, entwickelt sich dann innerhalb weniger Tage zu einem Plan, dessen Umsetzung alles andere als professionell erfolgt. Es lässt sich nicht mehr klären, wer die treibende Kraft bei der Vorbereitung dieser verzweifelten Tat gewesen ist, jedenfalls treffen Werner Steinbrinck und Joachim Franke die technischen Vorbereitungen. Steinbrinck mischt Schwarzpulver nach einem Rezept, das er in einem chemischen Buch gefunden hat. Franke ist ihm behilflich. Am Sonntag, den 17. Mai 1942, soll der Anschlag stattfinden, doch die Täter verlässt der Mut, als sie sehen, dass die Ausstellung völlig überfüllt ist.

Am nächsten Tag versuchen sie es erneut.

Mit den Brandsätzen und Brandplättchen in der Manteltasche begeben sich Herbert Baum und zwölf weitere Gruppenmitglieder zu der Ausstellung und zahlen, um keinen Verdacht zu erregen, ihre 50 Pfennig Eintritt. Kurz zuvor gibt es noch Streit, denn nicht alle sind darüber informiert, dass ein Brandanschlag stattfinden soll.

Die geplante Aktion entwickelt sich dann schnell zum Chaos. Franke und Steinbrinck können zwar einen Brandsatz in einem ausgestellten Bett platzieren, während Baums Brandsatz vorzeitig in seiner Hand zündet. Alle verlassen in Panik die Ausstellung und suchen das Weite. Nur Joachim Franke – so erzählt er zumindest später – besitzt die Nerven, sich die nahende Feuerwehr und die alsbald aufmarschierenden Polizisten anzuschauen.

Der Schaden ist äußerst gering, nur einige Quadratmeter Stoff fangen Feuer. Nicht einmal für kurze Zeit muss die Ausstellung geschlossen werden. Am nächsten Tag erscheinen keine Zeitungsberichte über den Anschlag, trotzdem verbreitet sich die Nachricht schnell in der Stadt.

Die Gestapo bildet sofort eine Sonderkommission, um die Täter zu fassen. Bereits wenige Tage nach dem Attentat werden sieben Mitglieder der Gruppe, unter ihnen Marianne und Herbert Baum, verhaftet. Dieser rasche Fahndungserfolg hat Spekulationen genährt, dass die Gruppe verraten worden sei. Speziell auf Joachim Franke fiel dieser Verdacht, der aber letztlich nicht erhärtet werden konnte.

Die Rache des Regimes ist grausam. Elf Tage nach der Tat werden die offiziellen Vertreter der deutschen Juden zu Adolf Eichmann bestellt, der bei der Gestapo das »Referat Judenangelegenheiten« leitet und der maßgebliche Organisator der Deportationen und des Massenmordes an Juden ist. Dort wird ihnen mitgeteilt, »daß im Zusammenhang mit einem Anschlag auf die Ausstellung ›Das Sowjetparadies‹ in Berlin, an dem 5 Juden aktiv beteiligt waren, 500 Juden in Berlin festgenommen, davon 250 erschossen und 250 in ein Lager abgeführt worden sind. Es wurde uns außerdem eröffnet, daß weitere Maßnahmen dieser Art zu erwarten sind, falls noch einmal ein Sabotageakt vorkommen sollte, an dem Juden beteiligt sind«[5].

Am 11. Juni 1942 stirbt Herbert Baum in seiner Gefängniszelle. Ob er die Folterungen nicht überlebt hat oder sich selbst das Leben genommen hat, um keinen seiner Freunde durch Aussagen belasten zu müssen, ist nicht geklärt.

Einen Monat später beginnt der Prozess, dessen Urteil bereits feststeht. Am 18. August werden Marianne Baum, Gerd Meyer, Heinz Joachim, Irene Walter, Sala Kochmann und Suzanne Weeze im Gefängnis Plötzensee hingerichtet. Im Dezember schließlich verhängt man über neun weitere Mitglieder der Gruppe das Todesurteil, obwohl diese mit dem Brandanschlag nichts zu tun hatten. Der letzte Prozess schließlich führt zu weiteren drei Hinrichtungen am 7. September 1943 im Rahmen einer beispiellosen Todesorgie. Das Schafott war von Bomben getroffen worden und so erhängt man an einem Tag eiligst 187 Todeskandidaten.

Während Herbert Baum ein Grab auf dem Friedhof von Berlin-Marzahn findet, stellt man die Leichen der anderen Gruppenmitglieder der Anatomie an der Berliner Universität zur Verfügung. Grellrote Plakate werden an 229 Litfaßsäulen geklebt mit der Bekanntmachung, dass die vom Volksgerichtshof wegen »Vorbereitung zum Hochverrat und landesverräterischer Feindbegünstigung« zum Tode verurteilten Menschen hingerichtet worden seien.

Am 11. September 1949 wird Herbert Baum von Marzahn auf den Jüdischen Friedhof in Berlin-Weißensee umgebettet. Seit 1951 erinnert ein Gedenkstein auf diesem Friedhof an 27 Mitglieder seiner Gruppen.

Die Anteilnahme nach dem Krieg an Herbert Baum und seinen Freunden war gering im Vergleich zu der Aufmerksamkeit, die der studentische Protest der Weißen Rose fand. Aber auch den jungen Arbeitern ging es um den Kampf gegen ein verbrecherisches System, gegen den Krieg, gegen Rassenhass und Menschenvernichtung.

Im Westen der Bundesrepublik erinnerte so gut wie nichts an Herbert Baum und seine Mitkämpfer, kaum ein Forscher hat sich mit deren Geschichte beschäftigt. Eine Ausnahme ist Wolfgang Wippermann, der mit Blick auf die Vermittlung dieses Themas in der Schule meint: »Der weitverbreitete, aber dennoch falsche Eindruck, die Juden hätten sich wie Lämmer willen- und widerstandslos zur Schlachtbank führen lassen, erschwert die Identifikation der Schüler mit den Juden als einzelne, handelnde und sich z. T. auch wehrende Menschen. Damit möchte ich mich natürlich mit keinem Wort gegen eine ausführliche Behandlung des Holocaust im Unterricht wenden, ich bezweifle nur, ob die bisher betriebene ›Opferpädagogik‹ … in der Lage ist, nicht nur Kenntnisse über den Massenmord an den Juden zu vermitteln, sondern auch eine emotionale Betroffenheit zu erzeugen.«[6]

In der DDR wurde das Andenken an Herbert Baum besser gepflegt – scheinbar. Unzählige Straßen, Jugendkollektive, Kombinate, Technische Hochschulen und sogar Einheiten der Volksarmee trugen seinen Namen. Doch nach dem Geschichtsverständnis der DDR gehört die Gruppe ausschließlich zum kommunistischen Widerstand; Hinweise auf die jüdischen Mitglieder wurden verschwiegen.

Bei diesen Gruppen um Herbert Baum handelte es sich aber zweifellos um einen Teil einer spezifisch jüdischen Widerstandsbewegung, auch wenn diese lange Zeit bestritten und nicht im Bewusstsein der Öffentlichkeit gewürdigt wurde.

»Und ich habe Deutschland so geliebt.«
Mildred Harnack-Fish (1902–1943)
und die Rote Kapelle

Die Amerikanerin Mildred Harnack-Fish gehörte einer Generation linksgerichteter, gut ausgebildeter und idealistischer Frauen an, die nach neuen politischen Wegen suchten. Mit ihrem deutschen Ehemann Arvid Harnack baute sie in Berlin einen Diskussionskreis auf, der sich einig war in der Ablehnung von Hitler und dem Nationalsozialismus. Zu diesem Kreis gehörten Arbeiter und Adlige, Sozialisten und Kommunisten, Christen und Liberale. Sie schrieben und verteilten Flugblätter; sie versteckten verfolgte Menschen oder halfen ihnen zur Flucht ins Ausland; sie gaben geheime Botschaften an die Russen und die Amerikaner weiter.

1942 wurde die Gruppe durch einen unglücklichen Zufall aufgedeckt; fast 140 Menschen wurden verhaftet, darunter 52 Frauen. Viele davon wurden hingerichtet.

Mildred Harnack-Fish wurde zunächst nur zu sechs Jahren Zuchthaus verurteilt; doch Hitler wollte seine Rache und hob das Urteil auf. Schließlich wurde auch sie hingerichtet. Sie verlor als einzige amerikanische Widerstandskämpferin im Dritten Reich ihr Leben.

Die Gestapo ordnete die Widerstandsgruppe, in der Mildred Harnack-Fish tätig war, der »Roten Kapelle« zu, einer Sammelbezeichnung für Spionageorganisationen in sowjetischem Dienst.

Diese falsche Sicht hielt sich lange und so wurden die Menschen um die Harnacks bis in unsere Zeit als sowjetische Spione diffamiert. Doch ihr Ziel war, wie das der anderen Widerstandskämpfer, den Krieg so schnell wie möglich zu beenden.

Mildred Fish wird am 16. September 1902 in Milwaukee geboren, der größten Stadt im US-Bundesstaat Wisconsin. Sie ist durch ihre vielen Brauereien berühmt und hat eine überwiegend deutschstämmige Bevölkerung. Es wird auch gerne das »Deutsche Athen am Michigansee« genannt. Um diese Zeit sprechen noch etwa drei Viertel aller Einwohner Deutsch; in der Stadt sind Denkmäler von Goethe und Schiller zu finden und auch der eine oder andere Biergarten.

Die Familie Fish dagegen ist englischer Abstammung. Mildreds Vater William ist stolz auf seine Vorfahren, die bereits vor 250 Jahren eingewandert sind. Ihre Mutter Georgina ist tiefreligiös. 1893 kommt die erste Tochter zur Welt, zwei Jahre später Zwillinge und schließlich als jüngstes Kind Mildred. Die Ehe kriselt, denn Vater William fehlt es an Beständigkeit und beruflichem Erfolg. Er schlägt sich als Vertreter, Verkäufer und schließlich als Pferdehändler durch das Leben. Als Mildred zwölf Jahre alt ist, trennen sich die Eltern. Die Mutter muss nun allein für die vier Kinder sorgen und das gelingt ihr mit ihren Schreibmaschine- und Stenografiekenntnissen wohl recht gut. William Fish dagegen kann nie mehr richtig Fuß fassen; er macht Schulden und stirbt verarmt im Januar 1918.

Mildred erhält eine solide Schulbildung und fühlt sich schon früh zum Journalismus und zur Literatur hingezogen. Sie lernt das Schreiben durch die Mitarbeit an ihrer Schulzeitung und gewinnt sogar einmal einen Fotoapparat im Wert von acht Dollar als ersten Preis für eine Kurzgeschichte. Vor allem aber verfasst sie Gedichte, die von Freundschaft, Liebe und dem edlen Leben handeln.

Als ihre Mutter eine Stellung als Stenografin in einem Regierungsamt in Washington erhält, hat Mildred das Glück, dort auf der »Western High School« die beste Ausbildung genießen zu dürfen, die es in der Hauptstadt der USA gibt. Nach ihrem Schulabschluss zieht es sie zurück in die Heimat und im Herbst 1921 beginnt sie ein Studium an der Universität von Madison in Wisconsin.

Sie belegt Vorlesungen in den Fächern Geisteswissenschaften und englische Literatur, muss aber arbeiten und Geld verdienen, um ihr Studium finanzieren zu können. Sie schreibt zunächst in Zeitungen Film- und Theaterkritiken, wird sogar Redakteurin für die »Gesellschaftsseite«. Mit Beiträgen für eine intellektuelle, linksliberale Literaturzeitschrift kann sie zwar kein Vermögen verdienen, bekommt aber mit ihren kreativen Gedichten und Texten eine gewisse Anerkennung als Autorin.

Nach ihrer Abschlussarbeit macht sie sich sogleich an eine Doktorarbeit und unterrichtet an der Universität englische Literatur. Sie ist nun 24 Jahre alt und eine beeindruckende Frau. Ihre Bekannten und Freunde beschreiben die junge Frau mit den blonden Haaren als äußerst attraktiv und lebendig. Eine Freundin erinnert sich im Superlativ: »Mildred war so schön, dass es mit Worten nicht zu beschreiben ist.«¹ Von Bekanntschaften oder Affären mit Männern hört man in dieser Zeit nichts. Für kurze Zeit ist sie mit einem Dozenten verlobt, löst aber die Verbindung wieder. Sie lernt Arvid Harnack kennen, der in Deutschland Jura studiert hatte und nun mit Hilfe eines Rockefeller-Stipendiums seine volkswirtschaftlichen Kenntnisse in Amerika vertiefen will.

Der ein Jahr ältere Arvid ist in Darmstadt und Stuttgart in einer Gelehrtenfamilie aufgewachsen. Sein Vater und dessen drei Brüder haben es allesamt zum Professor gebracht. Der berühmteste von ihnen ist Onkel Adolf, der von Kaiser Wilhelm II. in den Adelsstand erhoben worden war und – ursprünglich Theologe und Kirchenrechtler – als Mitglied der Preußischen Akademie der Wissenschaften, Präsident der Kaiser-Wilhelm-Gesellschaft (der heutigen Max-Planck-Gesellschaft) sowie als Generaldirektor der Preußischen Staatsbibliothek im ausgehenden 19. Jahrhundert eine bedeutende Rolle gespielt hat.

Arvid allerdings gehört zum armen Teil der weit verzweigten Harnack-Familie. Sein Vater Otto ist Professor für Literaturgeschichte. Er leidet unter Depressionen und nimmt sich 1914 das Leben. Arvid ist damals erst

14 Jahre alt. Seine Mutter muss nun von ihrer knappen Rente vier Kinder versorgen. Auch sie stammt aus einem Professorenhaushalt – nach ihrer Lehrerausbildung wurde sie Malerin –, und so ist die Erziehung der Kinder, wie Arvid es bezeichnet, geradezu »kulturdurchtränkt« und erfolgt anscheinend nach dem Motto: »Goethe, Goethe und nochmals Goethe«.[2]

Mildred und Arvid haben beide in einer Kindheit und Jugend ohne Vater, dafür aber mit einer starken Mutter viel Ähnliches erlebt. Sie haben auch gelernt, in manchmal schweren Zeiten mit mehr als bescheidenen Mitteln auszukommen. Die beiden verstehen sich auch auf wissenschaftlichem Gebiet gut, und so entsteht schon bald eine Freundschaft, bei der sie das Angenehme mit dem Nützlichen verbinden: Er bringt ihr Deutsch bei, sie ihm Englisch. Am 7. August 1926 heiraten sie und fahren anschließend in die Flitterwochen an die Niagarafälle. Da sie beide berufstätig sind, wird die Ehe in der Folge oft von monatelanger Trennung geprägt sein. Mildred besteht auf ihrer Unabhängigkeit und behält ihren Mädchennamen bei; sie nennt sich Fish-Harnack, später dann in Deutschland Harnack-Fish.

Arvid Harnack verfasst in dieser Zeit seine zweite Doktorarbeit über das Thema »Die vormarxistische Arbeiterbewegung in den USA«. Was er dort niederschreibt, ist mehr als eine wissenschaftliche Auseinandersetzung; es sind vor allem seine Ideale von einer gerechten und freien Gesellschaft, die ihn bewegen und zu seinem Lebensprogramm werden.

Ein prägendes Erlebnis für Arvid und Mildred ist die Teilnahme am Kampf zur Freilassung der in den USA inhaftierten Gewerkschaftsmitglieder Nicola Sacco und Bartholomeo Vanzetti, die 1921 aufgrund zweifelhafter Beweise zum Tode verurteilt worden waren. Viele Intellektuelle wie Bertrand Russell, George Bernhard Shaw und Albert Einstein kämpfen jahrelang für die Aufhebung dieses Urteils, allerdings vergeblich. Am 23. August 1927 werden die beiden auf dem elektrischen Stuhl hingerichtet. Erst 1977 werden sie durch eine Ehrenerklärung des Gouverneurs von Massachusetts rehabilitiert. Diese Erfahrung führt zu einer Radikalisierung des Ehepaares Harnack, die in diesem Geschehen eine rassistische und undemokratische Entwicklung in den USA sehen. Immer mehr beschäftigen sie sich mit sozialistischen Fragen.

Als Arvids Stipendium abläuft, fährt er nach Deutschland zurück. Mildred folgt ihm im Juni 1929 per Schiff von New York nach Bremerhaven, wo sie sich nach Monaten der Trennung wiedersehen. Zunächst leben die beiden für ein Jahr in Jena, wo Mildred amerikanische Literatur und Philosophie studiert, danach folgt ein kurzer Studienaufenthalt an der Universität Gießen.

Mildred ist schockiert über die im Vergleich zu den USA noch schlechtere wirtschaftliche Lage in Deutschland, wo eine Krise die andere jagt und die Zahl der Arbeitslosen in die Millionen steigt. Sie schildert ihrer Mutter, wie arm die Menschen sind und wie sehr sie an Hunger leiden: »Du kannst dir vorstellen, warum die Deutschen ihre Teller sauber kratzen.«[3]

Mitte 1930 zieht das Ehepaar nach Berlin. Mildred bekommt an der Berliner Universität eine Stellung als Dozentin für englische und amerikanische Literatur; das bedeutet zwar kein festes Gehalt, ist aber immerhin ein bescheidener Anfang. Sie sieht Arvid, der bei einer Stadtverwaltung in Thüringen eine vorübergehende Anstellung gefunden hat, nur am Wochenende.

In Berlin lernt Mildred die vielen Freunde und Verwandten der Harnacks kennen. Dazu gehören Karl, Klaus und Dietrich Bonhoeffer, der spätere Nobelpreisträger Max Delbrück oder Hans von Dohnanyi, alles Menschen, die trotz unterschiedlicher politischer Ansichten sich in ihrer Abneigung gegen die Nationalsozialisten einig sind und später immer wieder im einen oder anderen Zusammenhang mit der deutschen Widerstandsbewegung auftauchen werden. Ihnen ist klar, wohin die politischen Zustände treiben. Bereits 1930, als viele deutschen Intellektuellen die Gefahr noch nicht sehen wollen, schreibt Klaus Bonhoeffer an seinen Bruder Dietrich: »Man liebäugelt mit dem Faschismus. Ich fürchte, wenn diese radikale Welle sich der Gebildeten bemächtigt, ist es um das Volk der Dichter und Denker geschehen.«[4]

Als Deutschland durch die Weltwirtschaftskrise ab

1929 in die endgültige Katastrophe getrieben wird, sind Mildred und ihre Freunde fest davon überzeugt, dass der Kapitalismus seinem Ende entgegengeht. Die Hoffnungen richten sich auf die Sowjetunion, wo anscheinend ein neues Wirtschaftssystem eine bessere Zukunft verspricht. Nachdem 1930 die Nationalsozialisten bei den Reichstagswahlen über sechs Millionen Stimmen erhalten und Berlin von Straßenkämpfen und Demonstrationen erschüttert wird, verfestigt sich bei Mildred die Hoffnung auf die russische Perspektive. Sie schreibt dazu: »Russland ist das einzige Land, das sich bemüht, all seinen Bürgern Arbeit und Brot zu geben und sie alle gleich zu behandeln.«[5]

Eine nicht so seltsame Ansicht, wenn man sich klar macht, dass die Menschen in Berlin von den tatsächlichen Verhältnissen in der Sowjetunion wenig wissen und nichts von dem brutalen Terror Stalins und den Hungersnöten in der Ukraine erfahren. Stattdessen kommen sie jeden Tag mit russischer Kultur in Kontakt – in Berlin leben Anfang der 1930er-Jahre mehr als 300.000 Emigranten – und bewundern die Filme von Sergej Eisenstein und die Bücher von Boris Pasternak oder Ilja Ehrenburg. Und Mildred vor allem kann sich mit den Ansichten der russischen Feministen identifizieren, die gleichen Lohn für Frauen und Männer fordern und eintreten für Geburtenkontrolle, das Recht auf Abtreibung sowie eine Erleichterung der Ehescheidung.

Im Sommer 1932 reist Mildred Harnack-Fish mit

einer Studiengruppe nach Leningrad und Moskau, wo sie sich mit eigenen Augen ein Bild von der Situation in Russland machen will. Aus Termingründen muss sie ohne ihren Mann fahren, der einige Wochen später eine ähnliche Reise unternehmen wird. Die Studiengruppe sieht in Russland natürlich nur das, was die Gastgeber ihr zeigen: Staudämme, Eisenbahnlinien, Kanäle, Musterfarmen. Im Übrigen interpretieren die Reisenden alles, was nicht in das verklärte Bild passt, mit dem Hinweis auf die Schwierigkeiten des Aufbaus. An sich kritische Menschen, die nur zu gut wissen, welche Unwahrheiten durch Propaganda verbreitet werden, bleiben blind gegenüber der Realität und klammern sich an ihre Hoffnung.

Nach ihrer Rückkehr übernimmt Mildred Harnack-Fish eine Stellung als Lehrerin am Berliner Abendgymnasium, in dem Erwachsene auf das Abitur vorbereitet werden. Sie hat Spaß an dieser Arbeit und freundet sich mit einigen der Schülerinnen und Schüler an. Sie scheint trotz der desolaten wirtschaftlichen Lage ringsum neuen Lebensmut zu fassen und sieht für sich berufliche Perspektiven.

Die politische Bedrohung tritt etwas in den Hintergrund, und am 29. Januar 1933 – einen Tag vor Hitlers Machtergreifung – schreibt sie eine Postkarte voller Optimismus an ihre Mutter: »Ich bin dreißig Jahre alt und eine freie Frau – ich habe die Arbeit, die ich haben möchte, es gibt keine unüberwindlichen Hindernisse, um weiterzukommen … Es ist ein gutes Leben.«[6]

Die Ernüchterung kommt schnell. Nach der »Machtergreifung« Hitlers sind alle Hoffnungen auf eine demokratische oder gar sozialistische Welt zunichte gemacht. Die ersten Freunde und Bekannten bekommen Schwierigkeiten mit der Polizei, manche werden in das neu eingerichtete KZ Oranienburg verschleppt. Es ist klar, dass Mildred und Arvid Harnack vom ersten Tag der NS-Herrschaft an konsequente Gegner des Regimes sind. Von einer Unterstützung Hitlers oder gar anfänglichen Begeisterung für seine Politik, wie bei vielen anderen Menschen, die erst später zum Widerstand stoßen, ist bei ihnen nichts zu spüren.

Die Harnacks scharen immer mehr Menschen um sich, die ihre kritische Einstellung teilen. Sie tarnen diesen Gesprächskreis so gut, dass von außen kein Verdacht auf sie fällt. Arvid Harnack tritt in die NSDAP ein, seine Frau in den nationalsozialistischen Lehrerbund. Mit ihrer Mutter entwickelt Mildred in den Briefen eine Geheimsprache. Sie solle immer das Gegenteil von dem annehmen, was sie ihr schreibt. Das liest sich dann beispielsweise so: »Hier und heute richtet es sich … gegen die richtigen Leute, gegen die Juden, die Linksradikalen.«[7]

Zum Freundeskreis der Harnacks gehören auch Adam und Greta Kuckhoff und einige Schüler Mildreds vom Berliner Abendgymnasium, mit denen sie über Grundfragen der Politik diskutieren. Zu der Diskussionsgruppe stößt Harro Schulze-Boysen mit seiner Frau Libertas, der in der Folgezeit eine wichtige Rolle spielen wird und eine gute Ergänzung für Arvid Harnack darstellt. Im Frühjahr 1933 wird Schulze-Boysen, Herausgeber der Zeitschrift »Der Gegner«, wegen eines regierungskritischen Artikels verschleppt und misshandelt, dann aber aus der Haft entlassen. Erstaunlicherweise wird er trotz dieser Vorgeschichte in der Nachrichtenabteilung des neuen Reichsluftfahrtministeriums angestellt, vor allem wohl wegen seiner ausgezeichneten Sprachkenntnisse.

Die Tarnung ist perfekt: Schulze-Boysen im Luftfahrtministerium und Harnack, der im Reichswirtschaftsministerium als Jurist für handelspolitische Grundsatz- und Amerikafragen verantwortlich ist, kommen auf unauffällige Weise an wichtige Informationen, während ihre Frauen die Verbindungen nach außen halten, weitere Oppositionelle anwerben und Kontakte vor allem ins Ausland pflegen. Mildred fährt öfters nach London, Kopenhagen oder in die Schweiz, ohne Verdacht zu erregen, denn sie ist inzwischen freiberufliche Lektorin und Übersetzerin bei einem amerikanischen Verlag in Berlin und tarnt ihre Reisen zu Emigranten als Gesprächstermine mit Autoren. Libertas Schulze-Boysen spielt ebenfalls eine wichtige Rolle in diesem Netz: Sie ist Presseassistentin des amerikanischen Filmkonzerns MGM und knüpft Verbindungen zu wichtigen amerikanischen Gesprächspartnern.

Eine besonders bizarre und außergewöhnliche Frau ist Martha Dodd, die Tochter des amerikanischen Botschafters in Berlin, der bereits ein sagenhafter Ruf vorauseilt. Die gerade einmal 24-jährige Amerikanerin trifft 1933 in Berlin ein mit dem Vorsatz, diese Stadt zu erobern. Sie ist geschieden und zählt eine Reihe von amerikanischen Verlegern, Schriftstellern und Professoren zu ihren verflossenen Liebhabern. Sich selbst beschreibt sie als »attraktiv, blond, stolz, romantisch und lebhaft«, eine Tatsache, die ihr in Berlin so manche Tür öffnet. So wird sie die Geliebte eines hohen Beamten der deutschen Geheimpolizei, eines französischen und eines russischen Diplomaten – gleichzeitig. Sie verkehrt mit Göring und dem Prinzen Louis Ferdinand, feiert nächtelange Partys und gilt bald als verrückt und anrüchig. Selbst an Adolf Hitler macht sie sich heran, ist diesmal allerdings nicht erfolgreich. Der »Führer« küsst ihr zwar galant die Hand, es kommt aber kein richtiges Gespräch zustande, da Hitler kein Englisch spricht und sie kaum Deutsch.

Mildred Harnack-Fish ist begeistert, dass mit Martha Dodd eine Verstärkung der amerikanischen Kolonie in Berlin erfolgt. Sie befreunden sich, denn beide sind an Literatur interessiert und schreiben, Mildred eher Gedichte und Martha Kurzgeschichten. Martha Dodd besucht den Kreis der Harnacks häufig, da sie hier wichtige Verleger wie Ernst Rowohlt, Heinrich-Maria Ledig-Rowohlt oder Bermann Fischer treffen kann, von denen sie sich Aufträge für ihre Texte verspricht. Nach und nach wird Martha Dodd auch in die politischen Ansichten des Kreises eingeweiht. Da sie die Kunst der Verstellung bestens beherrscht und über ihren Vater an höchst geheime Informationen kommt, beteiligt sie sich auf die ihr eigene Weise an der Widerstandsarbeit. Eine Freundin bemerkt zu ihrer Rolle: »Martha hatte nicht viel für politische Theorie übrig … Sie schlief nur gern mit attraktiven Männern, und auf diese Weise erfuhr sie manches über Politik und Geschichte.«[8]

Zu der Diskussionsgruppe stoßen Personen aus den verschiedensten Bevölkerungsgruppen: Angestellte und Arbeiter, Kommunisten, Soldaten aus der Luftwaffe und Mitarbeiter fast aller Ministerien. Zur Frage, wie es nach dem Ende des Nationalsozialismus in Deutschland weitergehen solle, herrschen in diesem bunten Kreis unterschiedliche Vorstellungen. Harnack und Schulze-Boysen etwa orientieren sich an der sowjetischen Planwirtschaft, die ihrer Ansicht nach bessere Möglichkeiten als die krisengeschüttelte freie Wirtschaft des Westens bietet. Aber sie betonen immer wieder, dass eine stärkere Bindung Deutschlands an die Sowjetunion nur Sinn mache, wenn die Kontakte zu Westeuropa intakt blieben. Eine Position, die sich deutlich von derjenigen der Kommunisten unterscheidet, deren politische Vorstellungen einseitig auf die Sowjetunion ausgerichtet sind.

Der Kreis ist weniger eine politische Organisation mit fester Struktur und konspirativen Regeln als ein Forum für intellektuell und künstlerisch interessierte Menschen. Der Anteil von Frauen ist auffällig hoch, und hier sind es nicht wie sonst häufig in den Widerstandsgruppen die Ehefrauen, die als Begleiterinnen ihrer Männer auftreten. Die Ärztin Elfriede Paul, die Tänzerin Oda Schottmüller, die Schauspielerin Martha Husemann oder die Wirtschaftswissenschaftlerin Greta Kuckhoff sind Beispiele für berufstätige und selbstbewusste Frauen, die sich hier zusammenfinden.

Als 1939 der Zweite Weltkrieg beginnt, wird die Gruppe auch nach außen aktiv. Hier bewährt sich ihre lockere Organisationsform bei der Tarnung. Aktionen wie Verfassen und Verteilen von Flugblättern, Verstecken von politisch Verfolgten und Juden, Fälschung von Ausweispapieren und Vorbereitung zur Flucht ins Ausland der besonders gefährdeten Freunde werden nicht zentral geplant und durchgeführt, sondern immer nur in kleinen Gruppen. Da über eine derartige Aktion jeweils nur zwei oder drei Menschen Bescheid wissen, ist die Gefahr der Aufdeckung und des Verrats verhältnismäßig gering.

Mildred Harnack-Fish ist auch noch während des Krieges beruflich und wissenschaftlich tätig. Sie schreibt weiter an ihrer Doktorarbeit über »Die Entwicklung der amerikanischen Literatur der Gegenwart in einigen Hauptvertretern des Romans und der Kurzgeschichte« und übersetzt amerikanische Bücher ins Deutsche. Ihre Hauptarbeit besteht jedoch inzwischen darin, ihre exzellenten Verbindungen zur amerikanischen Botschaft in den Dienst der Widerstandsarbeit zu stellen. Schulze-Boysen hatte schon bei Kriegsbeginn weitsichtig erkannt, dass solch ein Krieg nie zu gewinnen sein werde und er das Ende Deutschlands bedeute. So richten die Verschwörer ihre Aktionen darauf aus, zu einem baldigen Ende des Krieges beizutragen. Die internen Informationen, zu denen Harnack und Schulze-Boysen an ihren jeweiligen Arbeitsplätzen Zugang haben, werden sowohl an russische als auch amerikanische Diplomaten weitergegeben.

Sie begründen dies vor allem damit, dass ein eigenständiger, aktiver Widerstand von deutscher Seite notwendig sei, um der Welt zu zeigen, dass es auch friedensbereite deutsche Menschen gibt. Sie grenzen sich bei ihrer Arbeit deutlich von der herkömmlichen Spionage ab, handeln also nicht im Auftrag Russlands oder der USA, sondern geben aus eigenem Entschluss und ohne materielle Interessen wichtige Informationen weiter.

Peter Weiss beschreibt in seinem großen Werk »Die Ästhetik des Widerstands« die innere Einstellung der Harnack-Gruppe so: »… und indem sie überhaupt da waren, zeugten sie von einer Lebenskraft, die sich nicht vernichten ließ, und so wenige waren es nun wiederum auch nicht, an die dreihunderttausend saßen zu Kriegsbeginn in den Lagern und Kerkern, für ihre Befreiung, und für die Befreiung der Millionen, die, dahindämmernd, die Befehle ihrer Dompteure ausführten, waren sie am Werk.«⁹

Für Mildred Harnack-Fish ist diese Zeit sehr belastend. Sie hat Heimweh und stellt sich immer wieder die Frage, ob es nicht besser wäre, Deutschland zu verlassen, wie so viele mit ihr befreundete Amerikaner, Literaten und linksorientierte Menschen es bereits getan haben. Doch ihre wichtige Rolle im Kreis, unverfänglich Kontakte knüpfen und die Verbindungen zum Ausland pflegen zu können, und weil sie ihren Mann nicht im Stich lassen will, lassen sie ausharren.

Ständig in Alarmbereitschaft und schrecklicher Bedrohung zu leben erscheint ihr zunehmend unerträglich. Ihr und ihren Freunden ist klar, dass es um Leben oder Tod geht, falls ihnen die Gestapo auf die Spur kommen sollte. Immer wieder werden Mitglieder ihres Gesprächskreises vernommen, so Arvid Harnacks Mutter, Libertas Schulze-Boysen und Arvid Harnack selbst. Dabei haben sie Glück und können sich noch einmal herausreden. Aber bei jedem Kontakt, den Mildred Harnack-Fish knüpft, um neue Mitstreiter zu gewinnen, ist ihr bewusst, dass sich der Gesprächspartner als Spitzel erweisen könnte. Aus Angst, abgehört zu werden, benutzt sie kein Telefon mehr. Sie organisiert keine Treffen mehr in der eigenen Wohnung, dafür findet man sich zu »Geburtstagsfeiern« reihum bei Freunden zusammen.

Unter dieser seelischen Belastung bricht Mildred Harnack-Fish beinahe zusammen. Libertas Schulze-

Boysen berichtet voller Bewunderung von ihrer Freundin Mildred, die fünf Jahre lang gefährlichste Untergrundarbeit geleistet habe, jede ihrer Taten mit der Todesstrafe bedroht: »Nach fünf Jahren konnte sie diese Angst nicht mehr aushalten. Sie wollte leben, einfach leben. Sie wollte Liebe und Frieden.«[10] Doch sie arbeitet trotz aller Gefahren weiter.

Die Ironie der Geschichte will es, dass die an die russischen Diplomaten weitergereichten Informationen dort nicht ernst genommen werden. Als sich im Frühsommer 1941 die Gerüchte verdichten, Hitler plane einen Angriff auf die Sowjetunion, warnen Harnack und Schulze-Boysen eindringlich und rechtzeitig vor dieser Gefahr. Doch Stalin missachtet ihre Hinweise oder sie dringen nicht zu ihm durch. Während sich an den russischen Grenzen die mit 3,4 Millionen Soldaten größte Invasionsarmee aller Zeiten für den Überfall rüstet, hält Stalin dies alles nur für ein Ablenkungsmanöver. Und so geschieht es, dass im Juni die Sowjetunion völlig unvorbereitet ist, als der Angriff dann tatsächlich erfolgt.

Als sich der Krieg im russischen Winter dann zu einer unglaublichen Tragödie ausweitet, versucht die Gruppe um Harnack mit Hilfe von Flugblättern den Schock in der Bevölkerung über den hunderttausendfachen Tod der Soldaten zu nutzen. Eines dieser Blätter aus dem Winter 1941 auf 1942 trägt den Titel: »Die Sorge um Deutschlands Zukunft geht durch das Volk«. Auf sechs eng beschriebenen Schreibmaschinenseiten wird deutlich gemacht, wie Deutschland unter seinem Terrorregime versklavt und die Unfehlbarkeit des »Führers« durch den verlustreichen Kriegsverlauf endgültig widerlegt sei. Die Leser werden zum Widerstand aufgerufen:»Jeder muß Sorge tragen, daß er – wo immer er kann – das Gegenteil von dem tut, was der heutige Staat von ihm fordert … Ein Volksgericht für diejenigen, die uns in den Wahnsinn des Rußlandfeldzuges und damit des Zweifrontenkrieges gehetzt haben, die für die beispiellos leichtfertige Unterschätzung der Sowjets und die völlig unzureichenden Vorbereitungen verantwortlich zu machen sind. Sie verschulden den sinnlosen Tod in Eis und Schnee von Hunderttausenden.«[11]

Da die sowjetische Botschaft nach dem Beginn des Russlandfeldzuges schließen muss, erhält Schulze-Boysen von einem Botschaftsangehörigen einen Funksender, um mit seinen Gesprächspartnern in Kontakt bleiben zu können, eine Ausrüstung, wie sie normalerweise Spione haben. Doch der Funkkontakt wird nie richtig hergestellt. Es gelingt zwar, einen Probefunkspruch mit dem Inhalt »1.000 Grüße allen Freunden« nach Moskau zu übermitteln, aber zu weiterem Gebrauch des Senders reicht wohl das technische Geschick der Widerständler nicht aus.

Dieser Sender ist der Versuch des sich über ganz Europa erstreckenden russischen Spionagenetzes, die Gruppe um Harnack für ihre Zwecke nutzbar zu machen.

Harnack ist mit diesem Vorgehen zunächst nicht einverstanden, verschlüsselt dann aber doch seine Nachrichten, die aus den genannten Gründen Moskau nicht mehr erreichen.

Der Sender bewirkt, dass die Gruppe nun der so genannten »Roten Kapelle« zugeordnet wird, eine Bezeichnung der deutschen militärischen Abwehr für Menschen im Widerstand, die mit dem sowjetischen Geheimdienst zusammenarbeiten und ihre Nachrichten mit Funksendern übermitteln. Das Bild der »Kapelle« im Sinne von »Orchester« suggeriert, dass der Dirigent im »roten« Moskau sitzt und die Informanten auf den Tastaturen ihrer Funkgeräten wie Pianisten arbeiten. Diese Vorstellung einer streng organisierten, einheitlich agierenden Gruppe prägt die spätere Diskussion über »zulässigen« bzw. »verwerflichen« Widerstand. Von der deutschen Abwehr werden tatsächliche Spionagenetze, wie sie beispielsweise in Frankreich, Belgien, Holland und der Schweiz existieren, und informelle Gesprächskreise wie der um Harnack und Schulze-Boysen in einen Topf geworfen. Diese Vermischung wird von der Gestapo dazu benutzt, die Widerstandsgruppe um Harnack als kommunistische Landesverräter einzustufen. Eine Rolle bei dieser Zuordnung spielt sicher auch die Annahme, dass es für die Qualität der Gestapoarbeit kein allzu gutes Zeugnis darstellt, wenn hohe Beamte und Mitarbeiter in Ministerien im Widerstand tätig sind. Also sucht man »Kommunisten« und findet dann auch welche.

Das »Lexikon des deutschen Widerstandes« führt aus, dass die Auseinandersetzungen um die historische Bedeutung der Harnack-Gruppe auch nach 1945 wesentlich durch die Sicht einer im Dienste der Sowjets arbeitenden Spionageorganisation geprägt ist: »Neue gruppen- und einzelbiographische Forschungen machen indessen deutlich, daß die eng mit der politischen Entwicklung der Nachkriegsgeschichte verwobenen Deutungsmuster von Spionage und Landesverrat auf der westlichen Seite und von der sich an den Beschlüssen der Führung der KPD in Moskau orientierenden Widerstandsorganisation sowie einer Kundschaftergruppe für die Sowjetunion auf der östlichen Seite sich als Fehlinterpretation erwiesen haben.«[12]

Der unglückliche Funksender führt schließlich dazu, dass die sorgfältig getarnte Gruppe auffliegt. Anatoli Gurewitsch, der russische Agent in Belgien, funkt am 26. August 1941 nach Berlin, er wolle Kuckhoff, Harnack und Schulze-Boysen aufsuchen, da er von ihnen nichts mehr gehört habe. Dieser Funkspruch enthält auch die Adressen der Ansprechpartner und wird von den Deutschen aufgefangen. Die brauchen zwar fast ein Jahr, um die chiffrierte Botschaft zu entschlüsseln, dann jedoch beginnt die Verhaftungswelle gegen die Widerständler.

Am 31. August 1942 wird Harro Schulze-Boysen von der Gestapo verhaftet. Seine Frau Libertas versucht, die anderen zu warnen, wird dann aber am 8. September auch festgenommen. Bereits einen Tag zuvor wurden Arvid und Mildred Harnack bei einem Urlaub an der Ostsee in der Nähe von Königsberg von der Polizei abgeholt und nach Berlin geschafft. Im Laufe der nächsten Wochen folgt die Verhaftung von etwa 140 Personen aus dem Umkreis der Gruppe; 126 von ihnen werden zu Zuchthausstrafen oder zum Tode verurteilt.

Die Anklage und das Gerichtsverfahren erfolgen vor dem Reichskriegsgericht, da manche der Angeklagten der Wehrmacht angehören. Doch die Mitglieder der Widerstandsgruppe werden nicht in einem einzigen großen Schauprozess verurteilt, sondern in mehreren kleineren Gruppen vor Gericht gestellt. So soll der Eindruck der Existenz einer großen Widerstandsorganisation in der Öffentlichkeit vermieden werden.

Über Arvid Harnack wird am 19. Dezember 1942 das Todesurteil verhängt, ebenso wie über Libertas und Harro Schulze-Boysen. Drei Tage später werden sie mit acht weiteren Frauen und Männern in der Haftanstalt Berlin-Plötzensee hingerichtet. In seinem Abschiedsbrief an Mildred erinnert Arvid Harnack an ihr gemeinsames Leben: »Wie oft haben wir in den folgenden sechzehn Jahren den Kopf einander auf die Schultern gelegt, des Nachts, wenn das Leben uns müde gemacht hatte, entweder Du mir oder ich Dir; und dann war alles gut.«[13]

Mildred Harnack-Fish lebt noch einige Monate länger – zwischen Hoffnung und Furcht. Die Zeit in der

Haft verbringt sie mit Gedichten von Goethe, von denen sie mehrere übersetzt. Der Gefängnispfarrer rettet diese Übersetzungen und schmuggelt sie aus dem Gefängnis.

Von der Journalistin Margret Boveri wird sie so charakterisiert: »Sie war für mich mit ihren schönen blonden, straff zurückgekämmten Haaren, ihren klaren, nichts zurückhaltenden Augen der Inbegriff der puritanisch strengen Amerikanerin … Sie gehörte zu der Generation studierter Frauen, die an den Fortschritt und an die Besserung der Welt glaubten und selbst in geistiger Arbeit an diesem Aufstieg mitarbeiten wollten. Sie war nicht ohne Ehrgeiz, aber er galt nicht der eigenen Person. Zur Zeit, als sie studierte, wurde in Amerika ganz allgemein die Linke als die Trägerin des aufgeklärten Fortschritts angesehen; die Intellektuellen waren ›rosa‹, wenn nicht ›rot‹, was nicht mit kommunistisch gleichzusetzen war.«[14]

Zunächst wird Mildred Harnack-Fish zu sechs Jahren Zuchthaus verurteilt. Hitler hebt dieses Urteil jedoch auf. Kurz darauf wird auch sie zum Tode verurteilt und am 16. Februar 1943 ermordet. Ihre letzten Worte lauten: »Und ich habe Deutschland so geliebt.«

Nach dem Krieg wurden die Widerständler der Roten Kapelle in beiden Teilen Deutschlands unterschiedlich bewertet. In der Bundesrepublik wurden sie ihres angeblich kommunistischen Hintergrunds wegen mehr

oder weniger totgeschwiegen oder als eine Spionageorganisation dargestellt. In der DDR heroisierte man sie
als »Schulze-Boysen/Harnack-Organisation« aus ent-
gegengesetzten Motiven und feierte sie als kommunistische Organisation, wobei die sonstigen politischen
Aspekte eher banalisiert wurden. 1969 bekam Mildred
Harnack-Fish von der Sowjetunion sogar posthum den
»Orden des Großen Vaterländischen Krieges« verliehen.
Erst später setzte sich eine realistische Sicht durch. In
den 1990er-Jahren, als nach der politischen Wende neues
Archivmaterial zugänglich war, konnte die bedeutende
Arbeit dieser mutigen Widerstandsgruppe gewürdigt
werden.

Der evangelische Theologe Karl Barth, ein Mit-
begründer der Bekennenden Kirche und Mitstreiter des
Pfarrers Martin Niemöller, hat die Menschen um das
Ehepaar Harnack gerade wegen ihrer Offenheit für verschiedene politische Strömungen und soziale Schichten,
aber auch wegen ihrer Bemühungen zur Rettung von
Juden und zur rechtzeitigen Aufklärung über Kriegs-
pläne zum Vorbild auch des kirchlichen Widerstands erklärt.

»Ich habe geschwiegen, wo ich hätte reden müssen.«

Martin Niemöller (1892-1984) im christlichen und kirchlichen Widerstand

Im Ersten Weltkrieg war er Kommandant eines U-Bootes der Kaiserlichen Marine, er kämpfte in der Weimarer Republik im Freikorps gegen sozialistische Arbeiter, doch schließlich wurde Martin Niemöller Pfarrer in der evangelischen Kirche.

Als die »nichtarischen« Menschen nach 1933 auch aus den Kirchenämtern vertrieben wurden, wagte er es, Adolf Hitler zu widersprechen, und bezahlte dafür mit acht langen Jahren Gefängnis und Konzentrationslager.

Wie durch ein Wunder überlebte er die Haft als einer von wenigen Widerstandskämpfern. 1945 wurde er von der US-Armee aus dem KZ Dachau befreit.

Nach dem Krieg war er ein unermüdlicher Mahner und Streiter für den Frieden zwischen Ost und West und Gerechtigkeit für die Dritte Welt.

Martin Niemöller mischte sich ein, bezog Position. Dafür wurde er geehrt und bewundert, aber auch beschimpft. Mit seinem Eintreten gegen die Aufrüstung, die Wiederbewaffnung des neuen deutschen Staates, mit seinen oft scharfen Attacken gegen Soldaten, die er Verbrecher nannte, mit seiner Reise nach Nordvietnam während des amerikanischen Krieges, mit seiner Teilnahme an den Ostermärschen und den Friedensdemons-

trationen in den 1970er-Jahren machte er sich nicht nur Freunde.

Er blieb konsequent und unbequem bis ins hohe Alter und schrieb zwei Jahre vor seinem Tod: »Als ich anfing, war ich konservativer Lutheraner. Mit neunzig bin ich jetzt Revolutionär. Von Reformen halte ich nichts mehr.«

Martin Niemöller wird am 14. Januar 1892 in Lippstadt als Sohn des lutherischen Pfarrers Heinrich Niemöller und seiner Frau Paula geboren. 1900 zieht die Familie nach Elberfeld, heute ein Stadtteil von Wuppertal, wo Martin 1910 sein Abitur macht. Er ist in seinen politischen Ansichten konservativ und kaisertreu. Der sehnliche Wunsch vieler Jungen dieser Zeit geht für ihn in Erfüllung: Er wird Soldat bei der Marine.

1910 tritt Niemöller der kaiserlichen Flotte bei und nimmt vier Jahre später als Offizier am Ersten Weltkrieg teil. Ab 1915 ist er auf einem U-Boot stationiert und wird 1918 U-Boot-Kommandant. Als im selben Jahr der Krieg beendet ist, befindet sich Niemöller mit seinem U-Boot »UC 67« im Mittelmeer. Zurück in Deutschland erlebt er die Abdankung des Kaisers und die Ausrufung der ersten deutschen Republik als großen Schock: »Nur eins war mir damals vom ersten Augenblick an deutlich: daß mich von dieser ›Revolution‹ und ihren offenen und versteckten Drahtziehern eine Welt schied und in alle Zukunft scheiden würde.«[1]

Der Neuanfang nach dem Krieg ist für den ehemaligen Offizier nicht leicht. Er verlobt sich im Sommer mit der Arzttochter Else Bremer, und die beiden schmieden allerhand Pläne: Zur Diskussion steht die Auswanderung nach Argentinien, der Ankauf eines Bauernhofes oder der Beruf eines Schafzüchters. Die Pläne werden nicht realisiert; ein Jahr später heiratet er auch ohne sichere Zukunftsaussichten.

Erstaunlich ist dann Niemöllers plötzlicher Entschluss, Theologie zu studieren und Pastor zu werden. Er schreibt dazu später: »Es war kein eigentliches theologisches Interesse, was dahintersteckte und den Ausschlag gegeben hätte: für Theologie als Wissenschaft, die Probleme lösen will, hatte ich von Hause aus keine Ader. Aber daß das Hören auf die Christusbotschaft und der Glaube an Christus als den Herrn und Heiland neue, freie und starke Menschen macht, dafür hatte ich in meinem Leben Beispiele gesehen ... Damit konnte ich, das war meine Überzeugung, meinem Volk aus ehrlichem und geradem Herzen dienen; und damit konnte ich ihm vielleicht mehr und besser helfen, in seiner trostlosen völkischen Lage, als wenn ich still und zurückgezogen nur einen Hof bewirtschaftet hätte.«[2]

Im Januar 1920 beginnt Niemöller sein Studium in Münster, aber bereits im März muss er es unterbrechen. Der Kapp-Putsch bringt das Deutsche Reich an den Rand eines Bürgerkriegs und zwingt die Reichsregierung zur Flucht aus Berlin. Der Putsch richtet sich gegen die von den Parteien SPD, Zentrum und DDP

(Deutsche Demokratische Partei) getragene Regierung, die durchgesetzt hatte, dass der Versailler Vertrag mit seinen harten Bedingungen akzeptiert wurde. Viele Offiziere und ehemalige Soldaten der Reichswehr sind nun in Freikorps sowie paramilitärischen und rechtsorientierten Verbänden organisiert und wollen die im Versailler Vertrag vorgesehene Reduzierung der Reichswehr nicht hinnehmen. Von etwa einer halben Million Soldaten sollen nur noch 100.000 übrig bleiben dürfen. Die Protesthaltung findet auch in weiten Teilen der Bevölkerung Unterstützung.

Die Militärs wollen die von der Regierung beschlossene Auflösung ihrer Einheiten verhindern und fordern am 10. März 1920 ultimativ die Auflösung der Nationalversammlung, Neuwahlen zum Reichstag und die Ablösung des Kommandeurs der Reichswehr. Als in der Nacht vom 12. auf den 13. März meuternde Offiziere mit ihren Truppen auf Berlin marschieren, um die Regierung zu stürzen, rufen die SPD und die Gewerkschaften zum Generalstreik auf. Die Meuterer setzen den rechtsradikalen Ostpreußen Wolfgang Kapp zum Reichskanzler ein. Die Reichsregierung flüchtet nach Dresden und dann weiter nach Stuttgart. Allerdings gelingt es den Putschisten nicht, die Macht zu erobern, da sie sich untereinander nicht über ihre Ziele einigen können. Während des Putsches kommen etwa 2.000 Zivilisten ums Leben, viele von ihnen werden nach Militärrecht standrechtlich hingerichtet.

Die streikenden Arbeiter weigern sich jedoch nach Beendigung des Putsches, ihre Waffen niederzulegen und die Streiks zu beenden. Sie träumen von einer Umwandlung der Weimarer Republik in einen sozialistischen Staat, in eine »Rote Republik«. Als gegen diese Arbeiter nun die Reichswehr und Freikorps eingesetzt werden, beteiligt sich auch Niemöller aktiv an der Bekämpfung der Sozialisten. Er wird Bataillonskommandeur beim Regiment »Akademische Wehr«, das aus etwa 750 Studenten besteht, unter ihnen viele ehemalige Soldaten. Es kommt zu Kämpfen in verschiedenen westfälischen Orten und Niemöller ist mit seinen Akademikern erfolgreich bei der Verhaftung von sozialistischen Rädelsführern und dem Einsammeln von illegalen Waffen.

Mitten in den Kämpfen bekommt er die Nachricht, dass er zum ersten Mal Vater geworden ist. Seine Mutter teilt ihm mit: »Gottes Segen, lieber Junge: ihr habt ein Töchterchen bekommen; es ist blond und blauäugig.«[3]

Trotz seines erfolgreichen Einsatzes bei der Reichswehr und trotz eines Angebots, als Hauptmann wieder aktiver Soldat zu werden, bleibt er dabei, Theologie zu studieren. Nach Abschluss des Studiums im Jahr 1924 hat er seinen Weg vom U-Boot zur Kanzel beendet.[4] Inzwischen ist nach seiner Tochter ein Sohn geboren und auf den Namen Heinz Hermann getauft worden. Niemöller ist Geschäftsführer der Inneren Mission in Münster und hilft beim Wiederaufbau der evangelischen Kirche in Westfalen, hält Vorträge, schult Mitarbeiter,

kümmert sich um den Bau von Schulen und Wohnungen. 1929 zieht er für die »Evangelische Vereinigung«
in das Stadtparlament Münster ein.

1931 ist es endlich so weit: Niemöller ist Pfarrer einer
Kirchengemeinde und kann predigen, und zwar im vor-
nehmen Villenviertel Berlin-Dahlem. Niemöller wählt
seit 1924 die NSDAP und begrüßt 1933 den »Führer-
staat«. Doch das Eingreifen der Politik in kirchliche An-
gelegenheiten lehnt er ab; das Glaubensbekenntnis soll
frei sein von politischen Inhalten.

Sowohl die evangelische als auch die katholische
Kirche nehmen die Machtübernahme Hitlers zunächst
ohne Protest oder gar Widerstand hin. Der Gehorsam der
Untertanen gegenüber der weltlichen Macht lässt sich
sogar aus der Bibel ableiten, denn in den Römerbriefen
heißt es: »Jedermann sei untertan der Obrigkeit, die Gewalt über ihn hat. Denn es ist keine Obrigkeit, ohne von
Gott; wo aber Obrigkeit ist, die ist von Gott verordnet.«

Auch die NSDAP und der Staat geben sich zunächst
kirchenfreundlich, so dass von Seiten der Kirchen keine
Gegenwehr gegen die Gleichschaltung des öffentlichen
Lebens erfolgt. Als die Bewegung der so genannten
»Deutschen Christen« sich vollkommen mit den Na-
tionalsozialisten identifiziert und auch deren inhumane
Politik beispielsweise gegenüber Juden unterstützt, regt
sich doch langsam Widerspruch.

Martin Niemöller gründet mit einigen gleichge-
sinnten Pfarrern im Mai 1933 die »Jungreformatorische

Bewegung«, die ihren ersten Aufruf mit der Zeile »Kirche muß Kirche bleiben!« überschreibt und damit klar machen will, dass in der Kirche Seelsorge und Hilfe für die Notleidenden notwendig seien und nicht die Propaganda politischer Ansichten.

Zum ersten ernsthaften Konflikt mit dem Staat kommt es bereits zwei Monate nach der Machtübernahme, als die Reichsregierung unter Adolf Hitler das »Gesetz zur Wiederherstellung des Berufsbeamtentums« erlässt. Dieser Titel umschreibt zynisch die Tatsache, dass es im Kern um die Entlassung von Gegnern des NS-Regimes geht. Der »Arierparagraph« verbietet die Beschäftigung von »Nichtariern« im öffentlichen Dienst und verdrängt jüdische Bürger und deren Kinder und Kindeskinder aus allen beruflichen und gesellschaftlichen Bereichen, selbst wenn sie längst den christlichen Glauben angenommen und im Ersten Weltkrieg ihr Leben für die deutsche Nation aufs Spiel gesetzt haben. Nahezu sämtliche Organisationen, Verbände, Hochschulen und Schulen praktizieren diese Regelung. Bald werden die Juden auch aus der Presse sowie aus künstlerischen und freien Berufen ausgeschlossen.

Als Reaktion auf die Entfernung von Juden auch aus den Kirchenämtern gründet Niemöller im September 1933 einen »Pfarrernotbund«, dem 7.000 Mitglieder beitreten, etwa ein Drittel aller deutschen Pfarrer. Aus diesem Notbund entwickelt sich die »Bekennende Kirche«, die 1934 gegründet wird. Die Bekennende Kirche sieht sich als die rechtmäßige evangelische Kirche in Deutschland und verweigert der nationalsozialistisch orientierten Reichskirche mehr und mehr den Gehorsam. Insbesondere die völkisch-rassische Ideologie des Nationalsozialismus lässt sich nicht mit der christlichen Lehre vereinbaren. Es wird sogar ein Notrecht für Pfarrer proklamiert, mit dem die Gehorsamsverweigerung gegenüber der Obrigkeit gerechtfertigt wird.

Die Bekennende Kirche versteht sich nicht als staatsfeindlich, Martin Niemöller selbst ist zu dieser Zeit noch nationalsozialistischer Anhänger. Doch wer sich dem Totalitätsanspruch des NS-Staates widersetzt, gilt zwangsläufig als staatsfeindlich und wird argwöhnisch beobachtet. Viele Geistliche werden verwarnt, erhalten Redeverbot oder müssen ihre Ämter aufgeben. Auch Niemöller gerät zunehmend in das Visier des Regimes, spätestens im Januar 1934, als in der Berliner Reichskanzlei eine Audienz beim »Führer« stattfindet. Niemöller wagt es, Hitler zu widersprechen; es kommt zum Streit. Während Hitler die Bekennende Kirche als Gegner des deutschen Staates einordnet, versucht ihm Niemöller – vergeblich – klar zu machen, dass die Freiheit der Kirche und die Reinheit der Verkündigung auch aus »Sorge um das Dritte Reich« notwendig seien.

Niemöller erhält prompt Predigtverbot, das er missachtet. Nun sind seine Predigten offen oppositionell, Unrecht wird Unrecht genannt und er greift die staatliche Kirchenpolitik direkt an.

Im Mai 1936 schickt die Kirchenleitung der Bekennenden Kirche eine Denkschrift an Hitler, in der nicht nur kirchenpolitische Themen angesprochen werden. Die Verhaftung von Geistlichen, die Existenz von Konzentrationslagern, der Terror der Geheimen Staatspolizei, die nationalsozialistische Weltanschauung insgesamt sowie der praktizierte Antisemitismus sind Ziele ihres Angriffs.

Nun kennt das Regime keine Rücksicht mehr: Die ersten Pfarrer müssen wegen Landesverrats in Haft. Diese Willkürmaßnahmen werden immer weiter verschärft, und so sind es im Jahre 1937 nahezu 800 Pfarrer und Kirchenmitarbeiter der Bekennenden Kirche, die sich vor einem Gericht rechtfertigen müssen.

Am 19. Juni 1937 hält Niemöller in seiner Dahlemer Gemeinde eine Predigt, in der er offen die Missstände in Deutschland anspricht und kritisiert. Fünf Minuten lang verliest er die Namen von Menschen, die Redeverbot erhalten haben, die ausgewiesen oder verhaftet worden sind. Er fährt dann fort: »Liebe Gemeinde, diese Liste ist nun erschreckend lang geworden; sie umfaßt ... bekannte und unbekannte Namen, Namen von Pastoren und Gemeindemitgliedern, Namen von Männern und Frauen, Namen von Jungen und Alten. Keiner im deutschen Vaterland kann sagen, ob die Zahl vollständig ist, und jeder ahnt, daß sie nur noch größer werden wird, wie sie denn in dieser Woche, die nun heute zu Ende geht, von einem Tag zum anderen gewachsen ist.«[5]

Dann greift er Hitler direkt an und erinnert daran, dass dieser sein Ehrenwort gegeben habe, die Kirchen und christliches Recht zu achten. Solange noch ein Einziger im Gefängnis sitze, sei das Wort des »Führers« gebrochen.

Zwei Wochen später sitzt Martin Niemöller selbst im Gefängnis. Seine Predigten gegen das Regime waren inzwischen auch im Ausland beachtet worden und hatten ihn zu einer Symbolfigur des kirchlichen Widerstands gegen den Nationalsozialismus werden lassen. Vom 1. Juli 1937 bis zum März des nächsten Jahres wird Niemöller in Untersuchungshaft gehalten. Als dann endlich der Prozess gegen ihn stattfindet, sieht er sich meist absurden Vorwürfen der Anklage gegenüber: Gefährdung des öffentlichen Friedens, Kritik von Maßnahmen der Regierung, »gehässige und hetzerische Äußerungen« gegenüber Reichsministern, Verstoß gegen das »Heimtückegesetz«. Am 2. März 1938 wird er lediglich zu einer Festungshaft von sieben Monaten verurteilt, was gewissermaßen als ein Freispruch zweiter Klasse zu werten ist. Das Gericht darf nämlich nur dann zu der milden Festungshaft verurteilen, wenn der Beschuldigte dem deutschen Volk nicht geschadet und ausschließlich aus ehrenhaften Beweggründen gehandelt hat. Die Strafe für Niemöller wird ihm erlassen, da er die Zeit bereits in der Untersuchungshaft abgesessen hat.

Doch Niemöller kann sich über seine Freiheit nur einen Tag lang freuen. Hitler ärgert sich über das milde

Urteil und lässt ihn als seinen »persönlichen Gefangenen« von der Gestapo in das Konzentrationslager Sachsenhausen bringen. Im In- und Ausland hagelt es heftige Proteste, aber davon lässt Hitler sich nicht beeindrucken. Drei Jahre wird Niemöller nun in einer Einzelzelle in den gefürchteten Baracken des Konzentrationslagers verbringen.

In Oranienburg bei Berlin war bereits im März 1933 das erste KZ Preußens eingerichtet worden, das dann später wenige Kilometer weiter nach Sachsenhausen verlegt wurde. Hier sind vor allem die politischen Gefangenen inhaftiert, die eine Schlüsselrolle in der Opposition gegen das Regime wahrnehmen. Das Lager nimmt insofern eine Sonderstellung ein, als hier die Verwaltungszentrale für alle deutschen Konzentrationslager residiert. Insgesamt werden hier bis zum Kriegsende mehr als 200.000 Menschen inhaftiert, von denen viele ohne Gerichtsverfahren ermordet werden.

Als der Zweite Weltkrieg im September 1939 beginnt, trifft der KZ-Häftling Niemöller eine Entscheidung, die von nur wenigen, vor allem nicht von seinen Mitleidenden verstanden wird. Er schreibt einen Brief an Großadmiral Dönitz, den Chef der Kriegsmarine, und meldet sich als Freiwilliger: »Ich bin 47 Jahre alt, körperlich und geistig unvermindert leistungsfähig und bitte um irgendeine Verwendung im Kriegsdienst, für die man mich für geeignet hält. Meine Crewkameraden werden zur Auskunft über mich in der Lage sein.«[6] Generaloberst Keitel, der Chef des Oberkommandos der Wehrmacht, antwortet knapp und deutlich: »Auf Ihr Gesuch vom 7. September bedaure ich, Ihnen mitteilen zu müssen, daß die Heranziehung zum aktiven Wehrdienst nicht beabsichtigt ist. – Heil Hitler!«[7]

Niemöller rechtfertigt später seine seltsame Freiwilligenmeldung mit der Aussage, dass sein Widerstand gegen den Nationalsozialismus in erster Linie aus religiösen Gründen erfolgt sei, es aber auch zum christlichen Leben gehöre, für sein Vaterland zu kämpfen.

Vor allem im Ausland wird der Widerstand der Bekennenden Kirche als wirksame politische Waffe gesehen. Selbst Mahatma Gandhi, der Führer der indischen Unabhängigkeitsbewegung und Held des gewaltlosen Widerstandes, der auch schon viel Zeit in Gefängnissen verbracht hat, sagt: »Ich glaube nicht, daß die Leiden Pastor Niemöllers und anderer vergeblich gewesen sind.«[8]

Doch Niemöller ist immer für eine Überraschung gut. Er ist nicht zufrieden mit der politischen Geschlossenheit und dem Widerstand seiner Kirche. Von einzelnen mutigen Vorstößen abgesehen, bleiben die Proteste der Bekennenden Kirche gering, gemessen an den Untaten des Regimes. Niemöller erwägt ernsthaft, den katholischen Glauben anzunehmen, obwohl dort keineswegs ein konsequenterer Widerstand gegen das Regime praktiziert wird.

Wie der Zufall es will, wird Niemöller 1941 in das KZ Dachau in Oberbayern verlegt und gemeinsam mit drei katholischen Priestern in eine Zelle gesperrt. Vielleicht kommt es dort zu theologischen Diskussionen, jedenfalls will er seiner evangelischen Kirche doch treu bleiben.

Im Gegenteil, seine Theologie erhält während der Haftzeit ein neues Fundament. Niemöller löst sich von dem Gedanken, die Kirche habe vor allem den Dienst am Vaterland zur Aufgabe. Stattdessen erkennt er nun in der Kreuzigung Jesu Christi ein Ereignis, das alle Völker und Staaten angeht: Die Kirche solle vor allem an der Überwindung von Grenzen, Rassen und Ideologien arbeiten. Zudem muss er sich das bittere Eingeständnis machen, dass er und auch seine Kirche für die nationalsozialistische Machtergreifung mitverantwortlich sind. Seine Mitschuld drückt er in einem Gedicht aus:

Als die Nazis die Kommunisten holten,
habe ich geschwiegen;
ich war ja kein Kommunist.

Als sie die Sozialdemokraten einsperrten,
habe ich geschwiegen;
ich war ja kein Sozialdemokrat.

Als sie die Gewerkschafter holten,
habe ich nicht protestiert;
ich war ja kein Gewerkschafter.

Als sie die Juden holten,
habe ich nicht protestiert;
ich war ja kein Jude.

Als sie mich holten,
gab es keinen mehr, der protestierte.

Drei Jahre lang sitzt Niemöller mit den drei Priestern isoliert in seiner Zelle und darf nicht mit der Außenwelt kommunizieren. Erst Weinachten 1944 lässt man ihn einen Gottesdienst unter SS-Aufsicht im KZ halten.

Kurz vor Ende des Krieges beginnt ein bizarres Kapitel für die Häftlinge. Als die sowjetischen Truppen im Osten und die Amerikaner mit ihren Verbündeten im Westen und Süden immer näher rücken, werden auch die Konzentrationslager nach und nach befreit. Also zieht man alle Geiseln aus verschiedenen Gegenden im vergleichsweise sicheren Dachau zusammen. Aus ganz Deutschland werden KZ-Insassen in das bereits völlig überfüllte KZ Dachau gebracht, und zwar besonders prominente in- und ausländische Häftlinge sowie die so genannten Sippenhäftlinge des gescheiterten Attentats vom 20. Juli 1944. Eine gemischte Gesellschaft findet sich hier zusammen: der Prinz von Hessen, der Sozialist Léon Blum, das halbe ungarische Kabinett, gefangene englische Geheimagenten, der ehemalige österreichische Bundeskanzler Schuschnigg. Dazu kommen allein aus der

Familie Stauffenberg neun Frauen und Männer sowie viele andere Familiengehörige von Widerständlern.

Der »Reichsführer SS« Heinrich Himmler spielt sich gegen Kriegsende als der eigentliche »Führer« Deutschlands auf und will die Gefangenen als Geiseln für eventuelle Verhandlungen mit den Siegermächten am Leben erhalten. Was er tatsächlich mit den »Sonderhäftlingen« vorhat, ist nicht ganz klar, vielleicht ihm selbst auch nicht.

Im KZ löst sich die Ordnung langsam auf. Auch die Wachmannschaften wissen, dass die Amerikaner nicht mehr fern sind, und so versucht jeder seine Haut zu retten. Den Häftlingen werden manche Vergünstigungen gewährt; so kann sich beispielsweise Niemöller zunächst erfolgreich dagegen wehren, mit unbekanntem Ziel abtransportiert zu werden. Er erwarte den Besuch seiner Frau und wolle sie noch einmal sehen. Erstaunlicherweise gibt die Lagerleitung nach.

Es herrscht deutliches Chaos und die einzelnen Entscheidungen wirken recht willkürlich. Während der Attentäter Georg Elser in Dachau Anfang April erschossen wird, werden andere Häftlinge freigelassen. Wieder andere werden abtransportiert und erwarten eine ungewisse Zukunft. Die meisten Häftlinge haben mit dem Leben abgeschlossen. Sie klammern sich zwar an die vage Hoffnung einer Befreiung durch die Alliierten, rechnen aber mit dem Schlimmsten – einer Ermordung in der buchstäblich letzten Minute des NS-Staates. Inzwischen desertieren hunderte von SS-Leuten und schließen sich den Transporten in den vermeintlich sicheren Süden an.

Am 17. April werden viele der prominenten Sonderhäftlinge abgeholt mit Ziel Südtirol. Am 24. April – einen Tag, bevor sich die amerikanischen und russischen Truppen an der Elbe begegnen und damit die Niederlage Deutschlands besiegelt ist – verlässt ein weiterer Transport Dachau, zu dem auch Niemöller gehört, in Richtung Innsbruck. Er schreibt eine letzte Postkarte an seine Frau: »Liebste Frau! Die Verschleppung nach dem Süden beginnt. Unser Ziel wissen wir nicht. Bleib tapfer für unsere Kinder, und der treue Gott behüte Euch! In Seiner Heimat finden wir uns wieder, falls es auf dieser Erde nicht mehr sein soll. Innerlich bin ich ruhig; ringsum ist eine fürchterliche Unruhe: Ipse faciet! Grüße die Freunde, küsse die Kinder. Ich bleibe Dir dankbar für alles. Innigst und ewig Dein Martin.«[9]

Drahtzieher der seltsamen Transporte nach Österreich sind Himmler und der Chef der Sicherheitspolizei Ernst Kaltenbrunner. Sie wollen eine »Alpenfestung« im Raum Österreich, Bayern, Böhmen, Mähren und Südtirol errichten, um dort das Überleben des Deutschen Reiches sichern zu können. Dieses Hirngespinst nimmt Gestalt an, als Kaltenbrunner sein Quartier in Salzburg aufschlägt und mit irrwitzigen Planungen beginnt: Finanziert solle die ganze Sache werden mit von KZ-Häftlingen gefälschten englischen Pfundnoten (von denen auch tatsächlich riesige Mengen produziert werden); man könne Rohstoffe mit Flugzeugen aus Spanien beziehen; zudem habe man die prominenten Häftlinge als Geiseln in der Hand, die bei den Gegnern Fürsprache einlegen sollen für die Aushandlung eines Friedensvertrags. So werden die Sonderhäftlinge und rund 7.000 weitere KZ-Häftlinge, die man als Arbeitskräfte einsetzen will, in die so genannte »Alpenfestung« geschafft und auf verschiedene Standorte wie Innsbruck, Reutte oder Schloss Eisenberg verteilt.

Niemöller landet zunächst im Lager Innsbruck, dann geht es über den Brennerpass mit Ziel Hotel »Pragser Wildsee« in die Dolomiten. Doch in Niederdorf im Pustertal stoppt der Transport, es gibt kein Benzin mehr für die Omnibusse. Die Wachmannschaften werden nervös, einzelne Gefangene flüchten und alarmieren die in der Nähe agierenden italienischen Partisanen. Halbtot vor Müdigkeit, Hunger und Kälte erhalten die Häftlinge ein notdürftiges Nachtlager auf Strohsäcken in mehreren Privathäusern des Ortes. Die Einwohner sind freundlich zu ihnen und helfen, wo immer sie können. Aber die Unruhe und die Angst bleiben. Gerüchte machen die Runde, sie alle sollten erschossen werden, wenn der Krieg verloren wäre.

Doch dann geschieht ein Wunder. Der Wehrmachtsoffizier Hauptmann Wichard von Alvensleben wird am 29. April – einen Tag vor Hitlers Selbstmord – über das Schicksal der Sonderhäftlinge informiert und soll sich um sie kümmern. Da auch er vermutet, dass die SS-Leute Befehl haben, die Häftlinge zu töten, entschließt er sich, die SS-Mannschaften festzunehmen. Er überschreitet eindeutig seine Befugnisse, als er Soldaten mit Maschinengewehren anrücken lässt und so die SS-Leute in Schach hält. Dann verteilt er an die Häftlinge 60 Flaschen Cognac.

Einen Tag später können die Gefangenen endgültig aufatmen: Das KZ Dachau ist von den Amerikanern befreit worden und die deutschen Truppen in Italien haben kapituliert. Am 4. Mai rücken schließlich amerikanische GIs an und »befreien« noch einmal die bereits befreiten Gefangenen.

Nach der bedingungslosen Kapitulation Deutschlands am 9. Mai 1945 muss Niemöller sechs Wochen lang in einem amerikanischen Kriegsgefangenlager in Italien den Siegern Rede und Antwort stehen, bevor er sich endgültig weigert. Er tritt in einen Hungerstreik und erzwingt damit seine Rückkehr nach Deutschland.

Zurück in der Heimat macht sich Niemöller gleich wieder unbeliebt: Er scheut sich nicht, das seiner Meinung nach rechtswidrige Vorgehen der Besatzungsmächte anzuprangern. Auch den Bombenterror gegen die deutsche Zivilbevölkerung und die Vertreibungen im Osten verurteilt er entschieden. Gleichzeitig macht er sich stark dafür, dass Staat und Kirche nur auf demokratischem Wege neu aufgebaut werden sollen.

Niemöller vertritt die Ansicht, dass auch die Kirche

Schuld habe am Aufstieg des Nationalsozialismus und somit in das begangene Unrecht tief verstrickt sei. Viele ehemalige Unterstützer der Regimes und auch viele Kirchenvertreter wollen nicht an ihre Mitverantwortung für Verbrechen und Völkermord erinnert werden und schweigen lieber. Niemöller dagegen wird zu einem der entschiedensten Befürworter des »Stuttgarter Schuldbekenntnisses« vom Oktober 1945. Dort heißt es klar und unmissverständlich: »Mit großem Schmerz sagen wir: Durch uns ist unendliches Leid über viele Völker und Länder gebracht worden. Was wir unseren Gemeinden oft bezeugt haben, das sprechen wir jetzt im Namen der ganzen Kirche aus: Wohl haben wir lange Jahre hindurch im Namen Jesu Christi gegen den Geist gekämpft, der im nationalsozialistischen Gewaltregiment seinen furchtbaren Ausdruck gefunden hat; aber wir klagen uns an, daß wir nicht mutiger bekannt, nicht treuer gebetet, nicht fröhlicher geglaubt und nicht brennender geliebt haben.«[10]

Im Nachkriegsdeutschland findet Niemöller nicht sofort eine kirchliche Aufgabe. Schließlich wird er Kirchenpräsident in Hessen, ein Amt, das er 1947 bis Ende 1964 ausübt. In den folgenden Jahrzehnten führen ihn zahllose Reisen in fast alle Erdteile. Er nimmt an verschiedenen Weltkirchenkonferenzen von Amsterdam (1948) bis Nairobi (1975) teil. In Anerkennung seiner Verdienste um die weltweite Einheit der Kirchen wird er 1961 zu einem der sechs Präsidenten des Ökumenischen Rates gewählt.

Er äußert sich immer häufiger direkt zum politischen Meinungsstreit, stets bereit, die Gewissen der Kontrahenten wachzurütteln. Mit oft polemischen, mitunter verletzenden Formulierungen und persönlichen Angriffen macht er sich viele Feinde. Er greift an, wo immer er einen Grund sieht: Die Gründung der Bundesrepublik Deutschland im Jahre 1949, die Wiederbewaffnung Westdeutschlands, die Rüstungspolitik der Großmächte, die Anpassung an die Ideologie des Kalten Krieges verurteilt er scharf. 1954 wird er angesichts der lebensbedrohenden Rüstung mit Atomwaffen zum radikalen Pazifisten. 1959 bezeichnet er in einer Rede die Ausbildung zum Soldaten als die »Hohe Schule für Berufsverbrecher«, was ihm wieder einen Strafantrag einbringt, diesmal vom Verteidigungsminister Franz Josef Strauß. 1967 besucht er auf dem Höhepunkt des Vietnamkriegs das kommunistische Nordvietnam, und auch sonst scheute er nicht die Zusammenarbeit mit kommunistischen Organisationen. Mit seinen immer radikaler werdenden Äußerungen und Positionen wird er in der kirchlichen und politischen Öffentlichkeit schließlich zum Außenseiter.

Doch Respekt genießt er weiterhin weltweit und erhält Auszeichnungen aller Art: den Lenin-Friedenspreis der UdSSR, das Großkreuz des Bundesverdienstordens, die Albert-Schweitzer-Friedensmedaille und die

Friedensmedaille der DDR in Gold, Ehrendoktorate in den USA, Budapest, Göttingen, Chicago, Neu-Delhi und vieles mehr. Im Alter verbündet er sich mit den 68er-Studenten und unterstützt die außerparlamentarische Opposition.

In seinen ethischen Anschauungen bleibt er dem lutherischen Denken treu, doch sind für ihn politische Entscheidungen stets auch eine Sache des Glaubens. Ob es nun um christliche oder politische Fragen geht, immer stellt er zuerst die Frage »Was würde Jesus dazu sagen?«.

Martin Niemöller gehört zu den herausragendsten Kirchenvertretern des 20. Jahrhunderts. Seine Wandlungen vom Nationalkonservativen zum entschiedenen Demokraten und vom Militaristen zum Pazifisten zeigen einen Menschen, der aus der Geschichte gelernt hat.

»Das Attentat muss erfolgen.«
Claus Schenk Graf von Stauffenberg (1907–1944)
und der 20. Juli 1944

Claus Schenk Graf von Stauffenberg war einer der Hauptakteure des militärischen Widerstands gegen Adolf Hitler. Er verübte das gescheiterte Attentat vom 20. Juli 1944 und organisierte gemeinsam mit weiteren Offizieren den anschließenden Staatsstreich, der ebenfalls misslang. Stauffenberg begrüßte anfangs die nationalistische und militärische Auffassung der Nationalsozialisten; die brutale Besatzungspolitik der deutschen Armee nach dem Überfall auf die Sowjetunion im Jahre 1941 überzeugte ihn jedoch vom verbrecherischen Charakter des Regimes. Seine moralische Einstellung ebenso wie die sich anbahnende militärische Katastrophe führten dazu, dass er zum entschiedenen Gegner Hitlers wurde.

Die ganze Last des Attentats vom 20. Juli 1944 lag auf ihm. Doch Hitler überlebte, und der anschließende Versuch, dennoch einen Umsturz durchzusetzen, scheiterte an der zögernden Haltung vieler Generäle.

Wäre das Attentat gelungen, hätte dies die Zahl der Toten des zweiten Weltkriegs möglicherweise halbiert, wären zahllose Juden gerettet und viele deutsche Städte vor dem vernichtenden Bombenhagel bewahrt worden.

Stauffenberg und viele seiner Mittäter zahlten mit ihrem Leben für den Versuch, ein neues Deutschland zu schaffen und den grausamen Krieg zu beenden.

Die katholische Adelsfamilie Stauffenberg ist von uralter Herkunft. Alfred Schenk Graf von Stauffenberg ist Offizier und Beamter am Hof von König Wilhelm II. von Württemberg, der den gleichen Namen trägt wie der preußische König und deutsche Kaiser und bis 1918 das Königreich Württemberg von seinem Schloss in Stuttgart aus führt. Stauffenbergs Frau Caroline ist eine geborene Gräfin von Uexkuell-Gyllenband und entfernt mit dem preußischen Heeresreformer Gneisenau verwandt, der ab 1811 einer der bedeutendsten Gegenspieler Napoleons in den Befreiungskriegen gewesen war. Wenn sie sich nicht gerade in Stuttgart aufhält, lebt die Familie in Jettingen zwischen Augsburg und Ulm. Dort werden 1905 die Zwillingsbrüder Berthold und Alexander geboren. Zwei Jahre später – am 15. November 1907 – kommen wieder Zwillinge auf die Welt. Konrad stirbt einen Tag später, der andere Sohn wird auf den Namen Claus Philip Maria getauft.

In ihrer Kindheit können die drei Brüder oft ihren Vater im Stuttgarter Schloss besuchen oder die Sommerferien in Albstadt-Lautlingen verbringen, wo die Familie ein kleines Schloss besitzt. Die weit verzweigte Sippe Stauffenberg gehört zu den Reichen des Landes, sie besitzt riesige Ländereien und kann somit im Vergleich zu den meisten anderen Deutschen sorgenlos und unabhängig ihr Leben genießen.

Die drei Geschwister werden selbstverständlich so erzogen, wie sich das für Adlige gehört. Trotz der Erziehung zu formvollendeten Umgangsformen scheint es nicht allzu streng zuzugehen, wie sich ihre Mutter – die sie »Duli«, abgekürzt für »Du Liebe«, rufen – erinnert: »Wenn ich eines der Kinder zanke und er dann traurig ist, dann sind die andern so verzweifelt und bitten immer so flehentlich: ›Duli, tröst' ihn, tröst' ihn'‹, und Clausi wirft sich mir schluchzend um den Hals, um für seinen Bruder zu bitten, dass die ganze Pädagogik flöten geht und ich nur sehen muss, wie ich sie alle wieder beruhige.«[1] Auch die Privatlehrerin, welche die Kinder in den Ferien auf dem Lande betreut, berichtet, dass die Brüder recht munter sind: »Zu bestimmten Zeiten dürfen sie alles tun, sich balgen und schreien und toben, wie ich's nur selten gehört habe … Aber dass sie nicht tadellos ruhig und gerade sitzen oder sonst einmal nicht sofort folgen, das gibt's einfach nicht. Der Einzige, der manchmal geschwind eine Ohrfeige fängt, ist Berthold.«[2]

Claus und sein zwei Jahre älterer Bruder Berthold haben ein besonders enges Verhältnis, das über ihre Kinder- und Jugendzeit hinaus auch später erhalten bleibt. Claus ist eher ein zarter Junge. Er ist kränklich veranlagt, ist etwas romantisch und liest gern Abenteuergeschichten. Daneben spielt er Cello, während seine Brüder mit dem Klavier und der Geige die Hausmusik bereichern.

Ab 1916 besucht Claus das Eberhard-Ludwig-Gymnasium in Stuttgart. Da tobt der Erste Weltkrieg schon seit zwei Jahren. Claus ist untröstlich darüber, dass er als Neunjähriger noch nicht als Soldat für sein Vaterland kämpfen kann. Denn der Krieg, so schrecklich er auch bald werden sollte, wird von einer enormen Begeisterung der meisten jungen Menschen getragen. Darin unterscheiden sich die Stauffenbergs nicht von anderen Familien.

Als der Krieg 1918 in einer furchtbaren Niederlage endet, ist auch die Zeit der Könige vorüber. Wilhelm II. von Württemberg muss im November abdanken, und auf dem Stuttgarter Schloss weht die rote Fahne. Vater Stauffenberg wird Beauftragter des ehemaligen Königs und dessen Erben und verwaltet künftig ihre Besitztümer. Eine neue Zeit beginnt mit der ersten deutschen Republik, eine Zeit der Ungewissheit insbesondere für die ehemalige Elite des Adels, die nicht so recht ihren Platz in dieser Demokratie findet und ihr gegenüber äußerst kritisch eingestellt ist.

Als Claus 15 Jahre alt ist, macht er sich so langsam Gedanken über seinen Berufswunsch. Er will Architekt und Baumeister werden und außerdem Geschichte studieren. Seine Vorstellungen sind dabei äußerst schwärmerisch; er will »Tempel für das deutsche Volk und Vaterland« bauen.

Dieses romantische Träumen teilen übrigens alle drei Brüder. Sie verehren den Dichter Stefan George, ja beten ihn geradezu an. George hatte einen Kreis von Künstlern und Dichtern um sich versammelt und so etwas wie eine

Sekte gegründet, in der hehre Vorstellungen und Werte gepflegt werden. In diesem Männerbund sind keine Frauen erwünscht, es herrscht eine homoerotische Stimmung und man schreibt sich gegenseitig Liebeshymnen. Es ist ein Versuch, die Krise der europäischen Kultur zu überwinden, der in krassem Gegensatz zu der beginnenden Moderne steht, wie sie in anderen Gebieten wie der Malerei oder der Literatur Einzug hält. Stattdessen wird ein Gegenbild gepflegt mit starker Kritik am modernen Leben. Nicht von neuem Aufbruch ist die Rede, sondern von der »Magie der Macht«, der Liebe, der »Kunst über dem Leben«, dem »wunderartigen Geheimnis im Genie«, der »männlich-heldischen Jugend« oder einem »Neuen Reich« – alles sehr vage und prophetisch. Claus Stauffenberg ist fasziniert von diesem Dichter George und schreibt seinerseits ähnlich rätselhafte Gedichte:

Ich wühle gern in alter helden sagen
Und fühle mich verwandt so hehrem tun
Und ruhmgckröntcm blutc.[3]

Die Brüder Stauffenberg wachsen in dieser phantastischen und etwas wirren Atmosphäre auf, die moderne Zivilisation lehnen sie ab. Demokratie wird in diesen Zeiten von vielen Deutschen gleichgesetzt mit Dekadenz, Verweichlichung, Gleichmacherei. Vielleicht kann man diese bizarren Phantasien mit jugendlicher Schwärmerei entschuldigen, aber sie haben einen ernsten Hintergrund. So schreibt der Historiker Christian Graf von Krockow: »In dieser Auflehnung gegen die moderne, auf Freiheit und Gleichheit angelegte Zivilisationsentwicklung nistete das Unheil, in das die Deutschen gerieten. Aus dem halb heldenhaften, halb irrwitzigen Kampf gegen die westliche Zivilisation stammte die deutsche Krebserkrankung … die Fieber- und Albtraumatmosphäre der Weimarer Republik, die dem selbst ernannten Wunderheiler zu seiner Chance verhalf. Wer Hitlers Buch ›Mein Kampf‹ liest, stellt fest, dass die Ungleichheit das Herzstück seiner ›Weltanschauung‹ und ihre Durchsetzung den missionarischen Auftrag bildet. Dazu dient die Rassenlehre.«[4]

Im März 1926 besteht Claus sein Abitur. Mit seiner Körpergröße von 1,82 Metern und seinen stahlblauen Augen ist er zu einem attraktiven, jungen Mann geworden. Er ist nach wie vor oft krank und muss hin und wieder seine Gesundheit bei einer Kur pflegen. Mit großer Willenskraft gelingt es ihm schließlich, seine körperliche Schwäche zu überwinden. Trotzdem ist es überraschend für die Familie, als er anders als seine Brüder, die inzwischen beide in Heidelberg Jura studieren, keinen zivilen Beruf ergreifen will, sondern beschließt, Offizier zu werden.

Einen Monat nach seinem Abitur zieht Stauffenberg nach Bamberg, wo er als Offiziersanwärter seine Ausbildung im traditionsreichen 17. Reiterregiment beginnt. Die berittene Kavallerie spielt in diesen Jahren noch eine größere Rolle, denn der Versailler Vertrag gesteht der stark verkleinerten Armee Deutschlands keine Panzer zu. In den Jahren 1927 und 1928 wird Stauffenberg zeitweise nach Dresden und Hannover abkommandiert, ehe er 1929, nun wieder in Bamberg, die Offiziersprüfung als Jahrgangsbester besteht und am 1. Januar 1930 zum Leutnant befördert wird. In diesem Jahr verlobt er sich standesgemäß mit Nina Freiin von Lerchenfeld, einer gerade einmal 17-jährigen Tochter eines königlich bayerischen Kammerherrn.

Seine politischen Ansichten in dieser Zeit sind nach wie vor konservativ und widersprüchlich. Einerseits ist er angewidert von den rüpelhaften und lärmenden Nazis, andererseits begrüßt er Hitler als Gestalter des Dritten Reiches, der mit seiner Aufrüstung und dem beginnenden Ausbau der Streitkräfte neue Perspektiven – dies insbesondere für Soldaten und Offiziere – eröffnet. Als im April 1932 Paul von Hindenburg erneut zum Reichspräsidenten gewählt wird, ist Stauffenberg damit nicht einverstanden; er plädiert für Adolf Hitler.

Am 1. Mai 1933 wird der 26-Jährige zum Oberleutnant befördert. In seiner Beurteilung heißt es: »Zuverlässiger und selbstständiger Charakter mit unabhängiger Willens- und Urteilsbildung. Besitzt bei ausgezeichneten geistigen Anlagen überdurchschnittliches taktisches und technisches Können … Neigt gelegentlich gegenüber Kameraden zur Überheblichkeit, die sich leicht spöttisch äußert, aber nie verletzend wirkt. Etwas salopp in Haltung und Anzug, dürfte sein Auftreten als junger Offizier etwas frischer und energischer sein … Berechtigt bei fortschreitender Entwicklung zu den besten Hoffnungen.«[5]

Im gleichen Monat heiratet das junge Brautpaar. Vom kargen Sold eines frischgebackenen Offiziers kann man eine Familie nicht ordentlich unterhalten, doch der Schwiegervater ist äußerst großzügig und unterstützt die beiden. In ihrer Ehe, die von Freunden und Verwandten als glücklich beschrieben wird, können sie sich in regelmäßiger Folge über Nachwuchs freuen: 1934 Berthold, 1936 Heimeran, 1938 Franz Ludwig, 1940 Valerie. Die Tochter Konstanze kommt 1945 auf die Welt – bei ihrer Geburt ist der Vater bereits sechs Monate tot.

Stauffenberg macht eine Musterkarriere. 1934 wird er an die Kavallerieschule in Hannover versetzt, im Oktober 1936 beginnt er das Studium an der Kriegsakademie in Berlin-Moabit mit anschließender Generalstabsausbildung. Zwischendurch legt er eine Prüfung zum Militär-Dolmetscher in Englisch ab und besucht mehrmals England. Am 1. August 1938 ist er 2. Generalstabsoffizier. Er hat sich um die Probleme der Logistik zu kümmern, um die Organisation der Truppe, während der 1. Generalstabsoffizier die Kampfeinsätze plant.

Stauffenberg lebt nun in Wuppertal und organisiert bei der 1. Leichten Division die Umrüstung der Kavallerie zur Panzerdivision. Sein Vorgesetzter und Kommandeur ist der spätere Generaloberst Erich Hoepner, einer der bekanntesten und erfolgreichsten Panzergeneräle der Wehrmacht. Ihm ist es zum großen Teil zuzuschreiben, dass durch den mobilen Einsatz von Panzern die »Blitzkriege« zu Beginn des Zweiten Weltkriegs so durchschlagend sind.

Bei seinem ersten militärischen Einsatz nimmt Stauffenberg an der Besetzung des tschechischen Sudetenlands im Oktober 1938 teil. Diese kriegsähnliche Tat Hitlers war durch das Münchener Abkommen möglich geworden und auch durch Hitlers Versprechen, keine weiteren Gebietsforderungen zu stellen. Zu dieser Zeit gehört Hoepner bereits zu einer Gruppe von Verschwörern in der Wehrmachtsführung, die mit Hitlers Angriffsplänen auf Polen nicht einverstanden sind. Den Männern ist bewusst, dass die Verletzung der polnischen Grenzen unweigerlich einen europäischen Krieg nach sich ziehen muss. Allerdings finden sich zu wenig führende Generäle bereit, eine Ausschaltung Hitlers zu unterstützen. So erleichtert das obrigkeitshörige Denken der Deutschen und insbesondere das der Soldaten Hitler die Umsetzung seiner wahnsinnigen Pläne zur Gewinnung von Lebensraum für die »arische Rasse« und die Unterjochung anderer Völker.

Ab 1934 werden dann die Mitglieder der Wehrmacht auf die Person Adolf Hitler persönlich vereidigt. Die Eidesformel lautet: »Ich schwöre bei Gott diesen heiligen Eid, dass ich dem Führer des deutschen Reiches und

Volkes, Adolf Hitler, dem Obersten Befehlshaber der Wehrmacht unbedingten Gehorsam leisten und als tapferer Soldat bereit sein will, jederzeit für diesen Eid mein Leben einzusetzen.« Dieser Eid orientiert sich nicht an sittlichen Normen, sondern allein am Willen des »Führers«. Das schließt unbedingten Gehorsam ein, auch bei verbrecherischen und offensichtlich unrechtmäßigen Befehlen.

Stauffenberg ist zu dieser Zeit vollkommen einverstanden mit den politischen Ereignissen; er ist national eingestellt, er unterstützt die »nationale Bewegung« Hitlers, er ist ehrgeizig und will Karriere machen. Und doch hat er bereits jetzt Kontakt zu oppositionellen Militärs. Als zwei seiner in Umsturzpläne eingeweihten Offizierskameraden – sein Cousin Peter Graf Yorck von Wartenburg und Ulrich Graf Schwerin von Schwanenfeld – ihn bitten, sich beim Oberbefehlshaber des Heeres als Adjutant zu bewerben, um eventuell einen geplanten Staatsstreich zu unterstützen, lehnt er zu diesem Zeitpunkt entschieden ab. Und so ist auch seine Geschichte wie bei vielen anderen Widerstandskämpfern eine Geschichte der Wandlung.

Zu Beginn des Zweiten Weltkriegs im September 1939 ist Stauffenbergs Einheit am Überfall auf Polen beteiligt, 1940 nimmt er an der Offensive gegen Frankreich teil. In direkte Kampfhandlungen ist er nie verwickelt und so kann er begeistert aus Frankreich an seine Frau schreiben: »Uns geht es köstlich. Wie sollte es auch anders sein bei solchen Erfolgen. Kaffee, Eier zum Frühstück, herrliche Bordeaux, Burgunder und Heidsieck, sodass sich das Sprichwort ›Leben wie der Herrgott in Frankreich‹ durchaus bewahrheitet.«[6]

Doch Arbeit scheut er nicht, wie sich einer seiner Mitarbeiter erinnert: »Ich habe die Tür von Claus nie geöffnet, ohne ihn am Fernsprecher anzutreffen. Vor ihm Stöße von Papier, die Linke am Hörer, die Rechte mit dem Bleistift bewaffnet, die Akten wendend. Er sprach mit lebhafter Miene, je nach Gesprächspartner lachend (ohne das ging's eigentlich nie) oder schimpfend. Sein Tempo, seine Konzentration waren eisern, in den Nachtstunden so frisch wie am Morgen. Seine Nerven und seine Gesundheit, die er gewiss nicht schonte (er rauchte, was es gab, trank, soweit er Zeit hatte, er ritt beinahe jeden Morgen vor dem Dienst, er schlief wenig), waren beneidenswert.«[7] Ein Freund kommt ins Schwärmen, wenn er aus dieser Zeit berichtet: »Immer wieder war bewundernswert, über welche Fülle von Einsichten, über welch gereiftes Urteil der damals Zweiunddreißigjährige verfügte, wie viel er dank seiner genialen Begabung wusste. Diskussionen von einem ähnlich hohen Niveau habe ich weder vorher noch nachher je erlebt. Verehrt und bewundert von Kameraden, Mitarbeitern und Untergebenen, geschätzt von allen Vorgesetzten … So war er, strahlend und schön wie Alkibiades, angenehm vor den Menschen und wahrhaft, wie es später einer aus dem Kameradenkreis sagte, ›ein Liebling der Götter‹.«[8]

Im Laufe des Jahres 1942 wandelt sich langsam Stauffenbergs Einstellung zu Regime und Krieg. Er beginnt zu begreifen, dass Hitlers Krieg der reine Wahnsinn ist und nicht zu gewinnen sein wird. Der Überfall auf Russland entwickelt sich zum verlustreichen Drama. Im April 1942 hat das Heer im Osten bereits mehr als eine Million Soldaten durch Tod oder Gefangenschaft verloren. Hitler hat inzwischen persönlich den Oberbefehl über das Heer übernommen, was die Generäle und Militärs nicht überzeugt oder gar begeistert. Die einzige Chance, diesen Krieg gegen die gesamte Welt einigermaßen glimpflich zu beenden, hätte darin bestanden, Verbündete bei Völkern der Sowjetunion zu gewinnen, die die stalinistische Gewaltherrschaft hassten und sich davon zu befreien hofften. Stattdessen werden die russischen Menschen rücksichtslos und grausam wie Tiere behandelt.

Diese Gräueltaten geben bei Stauffenberg den Ausschlag. Die Massenmorde an Juden, Polen und Russen kann er nicht mit seinem Ethos als Katholik und Offizier vereinbaren. So wirbt er bei hohen Offizieren und Kommandeuren um die Unterstützung einer Aktion gegen Hitler: »Wir müssen handeln, weil – und das wiegt am schwersten – in eurem Rücken Verbrechen begangen wurden, die den Ehrenschild des deutschen Volkes beflecken.«[9]

Alexander von Stauffenberg erinnert sich später an diese Phase im Leben seines Bruders: »Seinen Eintritt in die Reihen der Widerstandsbewegung hat Stauffenberg sehr spät vollzogen, dann aber mit dem für ihn kennzeichnenden Triebe, unter allen Umständen zu handeln, und seit dem Jahr 1942 hören wir von der in den Armee- und Heeresgruppenstäben aufrüttelnden Stimme des damals in der Organisationsabteilung des Hauptquartiers tätigen Offiziers.«[10]

Die Wehrmacht spielt daher eine besondere Rolle bei der Vorbereitung eines Staatsstreichs oder Attentats, weil sich ab etwa 1942 alle darüber im Klaren sind, dass allein die Militärs die nötigen Machtmittel besitzen. Außerdem haben die Gestapo und die Sicherheitsdienste hier kaum etwas zu sagen.

Und doch ist es letztlich verwunderlich, dass so viele beteiligte Offiziere über Jahre hinweg einen Umsturz planen können, ohne dass dies der Staatsführung bekannt wird.

Offiziere haben ihren eigenen Ehrenkodex; sie verraten ihre Kameraden nicht, auch wenn sie mit deren Ideen und Planungen nicht einverstanden sind. Viele haben Skrupel: Sie fühlen sich an ihren Eid gebunden oder lehnen Mord aus religiösen Gründen ab. Es sind also schwere Gewissenskonflikte, die viele Offiziere von einer Beteiligung an einem Attentat gegen Hitler abhalten; ihre besondere Treuepflicht und ihre Ehre erlauben keinen Bruch des Eides.

Gemeinsam mit seinem Bruder Berthold, der in dieser Zeit Jurist bei der Marine ist, und weiteren Widerstandskämpfern entwirft Stauffenberg Regierungserklärungen für eine Zeit nach Hitler. An den geheimen Absprachen ist auch Henning von Tresckow beteiligt, der im Hintergrund die Fäden zieht und die Verbindungen zu Goerdeler, zur Front und zur Zentrale des Allgemeinen Heeresamtes in Berlin unterhält. Tresckow plädiert frühzeitig dafür, Hitler »wie einen tollen Hund« abzuschießen, das ist für ihn Notwehr und Folge einer sittlichen Verpflichtung. 1943 sagt er: »Ich halte Hitler nicht nur für den Erzfeind Deutschlands, sondern auch für den Erzfeind der Welt.«[11]

Doch die Verschwörer haben keine reale Möglichkeit, Hitler zu beseitigen. Der »Führer« versteckt sich immer mehr in seinen Hauptquartieren wie der »Wolfsschanze« in Ostpreußen oder auf dem »Berghof« bei Berchtesgaden und lässt sich von schwer bewaffneten Kräften bewachen. Angesichts der Hoffnungslosigkeit bricht es einmal aus Stauffenberg heraus: »Findet sich da drüben im Führerhauptquartier kein Offizier, der das Schwein mit der Pistole umlegt?«[12]

Immer wieder werden Versuche eines Attentats gestartet, die alle scheitern. So platziert Tresckow im Frühjahr 1943 über einen Mittelsmann zwei als Cointreau-Likör getarnte Flaschen in Hitlers Flugzeug, die Sprengstoff mit einem Säurezünder enthalten. Doch der Sprengstoff wird im Flugzeug zu kalt und zündet nicht.

Eine Woche später versucht es Tresckow erneut. Er fliegt nach Berlin, wo Hitler eine Ausstellung besuchen will. Dort erklärt sich Oberst von Gersdorff zu einem Selbstmordattentat bereit und will sich mit Hitler in die Luft sprengen. Alles läuft nach Plan, Gersdorff hat die Bombe an seinem Körper und steht dicht neben Hitler. Doch der verlässt nach nur zwei Minuten die Ausstellung, und Gersdorff hat Mühe, den Zünder auf der Toilette rechtzeitig zu entschärfen.

Stauffenberg lässt sich im Februar 1943 nach Nordafrika versetzen, um Generalfeldmarschall Erwin Rommel dabei zu unterstützen, die Stellungen in Tunesien zu halten und den Rückzug zu organisieren. Rommel hat den Spitznamen »Wüstenfuchs« und ist der bekannteste und beliebteste Heerführer des Zweiten Weltkriegs. Seine Kriegsführung mit Panzern bei vergleichsweise geringen Verlusten an Menschenleben machen ihn auch bei den Gegnern zu einer Legende. Kurz nach der katastrophalen Niederlage in Stalingrad im Januar zeichnet sich hier der nächste Rückschlag für die deutschen Truppen ab, denn die Verbände Rommels werden von den alliierten Streitkräften dank ihrer Luftüberlegenheit aufgerieben.

Rommel widersetzt sich selbstbewusst den Durchhaltebefehlen Hitlers, gehört aber nicht dem Kreis der Verschwörer an. Diese hatten ihn dennoch als Oberbefehlshaber für die Zeit nach dem Umsturz vorgesehen, ohne ihn zu fragen. Später wird Rommel deswegen von

Hitler vor die Alternative gestellt: Volksgerichtshof oder Selbstmord. Rommel entscheidet sich am 14. Oktober 1944 für das Gift und erhält ein Staatsbegräbnis.

Stauffenberg kann in Nordafrika nicht viel ausrichten. Bereits Anfang April 1943 gerät er bei einem Fliegerangriff in ein Inferno von Feuer und Beschuss. Sein Fahrzeug wird von einem Jagdbomber getroffen. Schwer verwundet kommt er in ein Lazarett in Tunesien, wo ihm die rechte Hand, der kleine und der Ringfinger der linken Hand amputiert werden müssen und er das linke Auge verliert. Noch vor der Kapitulation der deutschen Afrikatruppe wird er nach München transportiert und erholt sich nach mehreren Operationen nur langsam auf dem Familiengut in Lautlingen.

Er muss nun lernen, mit seinem Zustand zu leben. So ist es nicht nur schwer, sich mit nur noch drei Fingern die Schnürschuhe anzuziehen, sondern auch die berufliche Zukunft als Offizier steht in Frage. Doch verbissen arbeitet er an seiner Genesung und lässt sich bereits am 1. Oktober 1943 – obwohl eigentlich dienstunfähig – von General Friedrich Olbricht als Chef des Stabes beim Allgemeinen Heeresamt in Berlin anwerben. Olbricht gehört bereits lange vor Beginn des Krieges zu den wenigen Offizieren, die sich nicht mit den Nationalsozialisten abfinden wollen. Von nun an arbeiten er und Stauffenberg eng zusammen, um die Verschwörung in die Tat umzusetzen.

In seiner neuen Funktion ist Stauffenberg seinem Ziel einen guten Schritt näher gekommen. Er hat Zugang zu den Lagebesprechungen in den Führerhauptquartieren, befindet sich im Zentrum der Macht, aber auch im Zentrum des Widerstands. Olbricht und Stauffenberg arbeiten einen Plan aus, der unter dem Namen »Operation Walküre« den Umsturz und die folgende Machtübernahme regeln soll. Offiziell werden diese Planungen getarnt als Notfallszenarien für den Fall eines Bürgerkriegs. Ihren direkten Vorgesetzten – Generaloberst Fritz Fromm – versuchen sie auf ihre Seite zu ziehen, aber ohne Erfolg. Immerhin denunziert Fromm die Verschwörer nicht.

Stauffenberg wohnt in Berlin-Wannsee in der Villa seines Bruders Berthold und ist rastlos mit seiner Aufgabe beschäftigt. Unter den Verschwörern nimmt er inzwischen die wichtigste Stellung ein und fühlt sich für alles zuständig, für das Attentat wie auch für den Staatsstreich. Das liegt wohl weniger daran, dass er für diese Aufgaben besonders geeignet wäre – mit seiner Behinderung ist er eher der falsche Mann für ein Attentat. Doch er kann begeistern. Er hat »ein Stück dämonischen Machtwillens«[13] und sorgt dafür, dass die Verschwörer angesichts der verschiedenen gescheiterten Versuche nicht resignieren und aufgeben.

Stauffenberg gelingt es, mehrere Offiziere dafür zu gewinnen, sich für einen Mordanschlag auf Hitler zur Verfügung zu stellen. Doch ein Attentat will einfach nicht gelingen. Zunächst versucht es der mit Tresckow befreundete Georg Freiherr von Boeselager. Er will Hitler beim Mittagessen im Kasino mit der Pistole erschießen. Man hatte sich alles genau überlegt, wie der Bruder Boeselagers es beschreibt: »Zuerst hieß es, man solle nicht auf den Kopf schießen, weil Hitler eine Kopfbedeckung mit Stahleinlage habe. Dann wurde gesagt, Hitler würde seine Mütze im Kasino sicherlich abnehmen. Doch der Kopf ist ein sehr kleiner Körperteil, den man durch Bücken oder Ähnliches schnell schützen kann, während der Oberkörper nicht so schnell zu schützen ist. Also verständigte man sich darauf, auf den obersten Knopf zu zielen.«[14] Aber trotz dieser sorgfältigen Überlegungen kommt der Plan nicht zur Ausführung. Im letzten Moment tauchen Bedenken auf, dass bei einer Schießerei sicher auch viele der im Kasino sich aufhaltenden Verschwörer getroffen werden könnten.

Kurz darauf erfolgt ein weiterer Versuch von Axel Freiherr von dem Bussche, der Zeuge eines Massenmords an polnischen Juden gewesen war und durch dieses Schlüsselerlebnis zu einem entschiedenen Gegner Hitlers wurde. Der spätere Bundespräsident Richard von Weizsäcker war befreundet mit dem Freiherrn und sagt über ihn: »Axel von dem Bussche ist in meiner Generation das eigentliche Vorbild gewesen, so wie bei den etwas Älteren Stauffenberg.«[15] Von dem Bussche wird in Berlin von Stauffenberg instruiert, dass er bei einer Vorführung von Uniformen auf Hitler zuspringen, ihn umarmen und die Handgranate in seiner Tasche zünden solle. Ausgerechnet britische Luftangriffe verhindern dieses Attentat. Bomben treffen den Eisenbahnwaggon, in dem sich die für die Modenschau lagernden Uniformen befinden.

Am 1. Juli 1944 wird Stauffenberg zum Stabschef des Befehlshabers des Ersatzheeres, Generaloberst Fromm, ernannt. Dies bedeutet, dass er direkten Zugang zu Hitler hat und zu allen wichtigen Besprechungen hinzugezogen wird. Innerhalb weniger Wochen steht er Hitler fünf Mal gegenüber – und damit fällt ihm nun die Rolle zu, das Attentat durchzuführen.

Doch inzwischen ist allen klar, dass der Tod Hitlers allein keine Garantie für das Gelingen des Staatsstreichs bietet. Es muss verhindert werden, dass etwa Himmler mit seiner SS anschließend die Macht übernimmt. Man will also möglichst auch Himmler und Göring töten und sich eines Tricks bedienen, um die Macht an sich zu reißen. Die vorbereitete Meldung nach dem Tod Hitlers soll eine Falschmeldung sein: »Der Führer ist tot. Eine kleine Clique gewissenloser frontfremder Parteiführer hat einen Staatsstreich versucht. Der militärische Ausnahmezustand ist verhängt und die vollziehende Gewalt in die Hände der Wehrkreisbefehlshaber gelegt.«[16] Gleichzeitig sollen die Rundfunkanstalten besetzt, Minister und Parteibonzen verhaftet sowie die SS und Polizei entwaffnet werden. Um diesem Plan realistische

Chancen einzuräumen, hatte Stauffenberg insbesondere bei den Wehrkreisbefehlshabern Verbündete gesucht und vermeintlich gefunden.

Stauffenberg scheint zu zweifeln und fragt seinen Freund Tresckow, der sich inzwischen an der Front befindet und bei einem Anschlag nicht mithelfen kann, ob sich die ganze Sache überhaupt noch lohne. Dieser antwortet mit dem berühmt gewordenen Satz, der für den gesamten Widerstand gelten könnte: »Das Attentat muss erfolgen, coûte que coûte.[17] Sollte es nicht gelingen, so muss trotzdem in Berlin gehandelt werden. Denn es kommt nicht mehr auf den praktischen Zweck an, sondern darauf, dass die deutsche Widerstandsbewegung vor der Welt und vor der Geschichte den entscheidenden Wurf gewagt hat. Alles andere ist daneben gleichgültig.«[18]

Am 7. Juni wie auch am 6. und 11. Juli wird Stauffenberg zu militärischen Lagebesprechungen in das Hauptquartier Hitlers auf den »Berghof« befohlen. Beim letzten Termin hat er den Sprengstoff bei sich, unterlässt aber einen Versuch, da Himmler und Göring nicht anwesend sind. Bereits vier Tage später, am 15. Juli, findet eine weitere Besprechung mit Hitler statt, diesmal in der »Wolfsschanze« in Ostpreußen. Wieder sind Himmler und Göring nicht anwesend. Obwohl Stauffenberg seine Aktion verschiebt, wird in Berlin versehentlich der Walküre-Alarm ausgelöst, der den Start zum Staatsstreich bedeutet. Die Verschwörer haben insofern Glück, als sie die Panne vertuschen und als Übung ausgeben können.

Am 20. Juli wird Stauffenberg wieder zu einer Lagebesprechung in die »Wolfsschanze« kommandiert. Diesmal ist er fest entschlossen, auf jeden Fall den Anschlag auszuführen. Morgens gegen 6 Uhr verlässt er mit seinem Bruder Berthold dessen Haus in Berlin-Wannsee und fährt mit ihm gemeinsam zum Flughafen Rangsdorf südlich von Berlin. Mit seinem Adjutanten Oberleutnant Werner von Haeften fliegt er mit einer Transportmaschine in das knapp 600 Kilometer entfernte Rastenburg und lässt sich vom Flugplatz zum Führerhauptquartier fahren. Dort frühstückt er vor dem Kasino – es ist ein heißer Sommertag – mit einigen anderen Offizieren. Um elf Uhr erfährt Stauffenberg, dass die Lagebesprechung um eine halbe Stunde vorverlegt worden ist. Grund ist der Besuch des italienischen »Duce« Benito Mussolini. Die Zeit für die Vorbereitung des Sprengsatzes wird somit knapp.

Kurz vor Beginn der Besprechung zieht sich Stauffenberg mit Haeften in das Schlafzimmer von Generalfeldmarschall Keitels Adjutanten zurück. Dort wird hastig eine Sprengladung von etwa einem Kilo Gewicht präpariert. Dazu muss Stauffenberg chemisch-mechanische Zündstifte mit einer speziellen Zange in Gang setzen.

Stauffenberg und Haeften werden bei dieser schwierigen Arbeit gestört. In der Hektik gelingt es den Atten-

tätern nicht, auch das zweite vorgesehene Sprengstoffpaket scharf zu machen. Diese fahrlässige Unterschätzung der Sprengkraft wird sich kurz darauf als ver-
hängnisvoll erweisen.

Um 12 Uhr 30 geht Stauffenberg zu der Baracke, in
der die Besprechung stattfinden soll. Er kommt etwas zu
spät. Keitel kündigt an, Stauffenberg werde den »Führer«
darüber informieren, wie Ersatz für die vielen getöteten
und gefangen genommenen Soldaten organisiert werden könne. Insgesamt befinden sich 24 Personen im
Raum, Himmler und Göring fehlen auch diesmal.
Stauffenberg platziert eine Mappe mit der Bombe unter
dem Tisch und bemerkt nicht, dass zwischen der Sprengladung und Hitler ein massiver Tischsockel steht. Nach
seinem Vortrag verlässt er hastig den Raum unter dem
Vorwand, dringend telefonieren zu müssen. Um 12 Uhr
42 zerreißt eine gewaltige Explosion die Stille.

Zur selben Zeit wird Stauffenberg mit seinem Adjutanten zur Torwache gefahren; sie stehen unter dem
Eindruck, dass nach dieser Explosion in der Baracke
niemand mehr am Leben sein könne. Später wird sich
herausstellen, dass vier Personen getötet wurden, die
übrigen mehr oder weniger leicht verletzt den Anschlag
überlebt haben.

Als Alarm ausgelöst wird, können die beiden in der
Verwirrung die Wachen überrumpeln und die Sperren
passieren. Während der Fahrt im offenen Wagen wirft
Werner von Haeften das zweite Sprengstoffpaket aus

dem Auto. Um 13 Uhr 15 startet das Flugzeug nach Berlin, wo es gegen 16 Uhr 30 landet.

In Berlin herrschen inzwischen große Unsicherheit und Unruhe. Die Verschwörer wollen den Staatsstreich einleiten, werden aber von General Fritz Fromm zurückgehalten. Der hatte mit Keitel in der Wolfsschanze telefoniert und erfahren, dass das Attentat misslungen und der »Führer« nur unwesentlich verletzt sei. Als Stauffenberg erscheint, sind bereits wertvolle Stunden vergangen. Stauffenberg erklärt bestimmt: »Der Feldmarschall Keitel lügt, wie immer, ich habe selbst gesehen wie man Hitler tot hinausgetragen hat.«[19] Daraufhin lösen sie den Staatsstreichbefehl an die Generalkommandos der Wehrkreise aus und nehmen Fromm kurzerhand fest.

In Wien, Prag, Paris und Kassel laufen die ersten Maßnahmen an, während die Truppen in Berlin zögern. Die Kommunikation ist sehr schwierig, die Fernschreiben müssen verschlüsselt werden und das dauert seine Zeit. Über drei Stunden brauchen die Männer, bis alle Befehle weitergeleitet sind. Da im Rundfunk gemeldet wird, Hitler habe überlebt, verhalten sich die meisten Offiziere und Generäle abwartend. Stauffenberg telefoniert ohne Pause und versucht, die Zögernden mit der immer wieder gleichen Botschaft zu überzeugen: »Der Führer ist tot!«

Nach 20 Uhr wendet sich das Blatt endgültig. Major Otto-Ernst Remer, der Kommandant des Wachbataillons Berlin, hatte mit Hitler telefoniert und sich persönlich von dessen Überleben überzeugt. Er löst die von Stauffenberg angeordnete Absperrung des Regierungsviertels auf und erreicht kurz darauf mit seinen Truppen die Bendlerstraße. Bewaffnete Offiziere stürmen die Räume. Es kommt zu einem Handgemenge, Schüsse fallen. Stauffenberg wird am linken Oberarm getroffen, nachdem er selbst mit seinem verstümmelten rechten Arm seine Pistole an die Hüfte gepresst, durchgeladen und mit den drei Fingern der linken Hand geschossen hatte.

Fromm wird befreit und sagt, mit der Pistole in der Hand, zu den anwesenden Verschwörern: »So, meine Herren, jetzt mache ich es mit Ihnen so, wie Sie es heute Nachmittag mit mir gemacht haben.«[20] Er werde sie sofort vor ein Standgericht von Generälen stellen. Fromm lässt sich die Waffen der Verschwörer aushändigen und gestattet Generaloberst Ludwig Beck, sich auf dessen Bitte hin selbst zu erschießen. Beck versucht es zweimal, die Schüsse töten ihn nicht; ein Feldwebel muss ihm den Gnadenschuss geben.

Nachdem die Gefangenen die Erlaubnis bekommen haben, einen Abschiedsbrief zu schreiben, verkündet Fromm: »Im Namen des Führers hat ein von mir bestelltes Standgericht das Urteil gesprochen: Es werden der Oberst im Generalstab von Mertz, General Olbricht, der Oberst, den ich mit Namen nicht nennen will, und der Oberleutnant von Haeften zum Tode verurteilt.«[21] Stauffenberg erklärt, alle hätten als seine

Untergebenen gehandelt und seien schuldlos, Fromm antwortet ihm nicht einmal. Er will die Verschwörer möglicherweise so schnell loswerden und mundtot machen, um die Spuren seiner eigenen Beteiligung zu verwischen; immerhin hatte er genügend Kenntnisse, die er hätte melden müssen.

Die vier Verurteilten werden abgeführt. Gegen 24 Uhr stehen im Innenhof ein Leutnant und zehn Unteroffiziere zur Vollstreckung der Todesstrafe bereit. Scheinwerferlicht von im Hof aufgestellten Autos beleuchtet die düstere Szene. Das Kommando »Feuer« ertönt. Laut ruft Stauffenberg noch aus: »Es lebe das heilige Deutschland!«

Fromm geht danach auf den Hof und bringt vor den vier Leichnamen ein dreifaches »Sieg Heil« auf den Mann aus, der weder Sieg noch Heil für Deutschland verkörpert, sondern das Unheiligste, Schrecklichste und Grausamste, was man sich vorstellen kann.

Ein Lastwagen holt die Erschossenen ab und fährt sie zum nahe gelegenen Friedhof der Matthäi-Kirche in Tiergarten, wo sie in aller Heimlichkeit verscharrt werden. Am nächsten Morgen werden die Leichen auf Befehl Himmlers wieder ausgegraben und verbrannt. Die Asche wird über den Rieselfeldern in alle Winde zerstreut. Am Morgen des 21. Juli 1944 besetzt die SS den Bendlerblock.

Als Henning von Tresckow in Russland die Nachricht erhält, dass der Umsturz misslungen ist, fährt er mitten in die Kampflinien, sucht und findet dort den Tod. Vorher teilt er einem Freund mit: »Jetzt wird die ganze Welt über uns herfallen und uns beschimpfen. Aber ich bin nach wie vor der felsenfesten Überzeugung, daß wir recht gehandelt haben … Der sittliche Wert eines Menschen beginnt erst dort, wo er bereit ist, für seine Überzeugung sein Leben hinzugeben.«[22]

Hitler und Himmler nutzen den gescheiterten Umsturzversuch vom 20. Juli 1944, um mit allen Kritikern und Gegnern ihres verbrecherischen Systems abzurechnen. Nicht nur die Verschwörer werden hingerichtet, auch alle diejenigen aus dem zivilen Widerstand, die bisher verschont geblieben waren. Es scheint, als wolle Hitler über seine Niederlage und seinen Tod hinaus Deutschland mit in den Abgrund reißen und die gesamte Elite Deutschlands ausrotten.

Die Gestapo richtet eine Sonderkommission »20. Juli« mit ungefähr 400 Mitarbeitern ein, die im gefürchteten Gefängnis in der Prinz-Albrecht-Straße die Verhöre und Folterungen durchführt. Mehr als 600 Verdächtige werden verhaftet, unter ihnen auch viele Angehörige der Attentäter, die in Sippenhaft gehalten werden. Am 23. Juli 1944 schreibt Goebbels in sein Tagebuch: »Das Strafgericht, das jetzt vollzogen werden muß, muß geschichtliche Ausmaße haben. Auch die eine unklare Stellung bezogen haben, haben die Todesstrafe verdient … Sie [die Generäle und Offiziere] werden zuerst ihres Ranges verlustig erklärt, aus der Wehrmacht ausgestoßen und dann Freisler übergeben. Er wird schon die richtige Tonart finden, mit ihnen fertig zu werden.«[23]

Und so geschieht es dann auch gnadenlos. Auf Filmaufnahmen der Prozesse vor dem Volksgerichtshof ist zu sehen, wie hasserfüllt Roland Freisler, der Präsident dieses Sondergerichts, die Angeklagten behandelt, sie anschreit und Urteile fällt, die jeder Gerechtigkeit Hohn sprechen. Die Angeklagten müssen mit rutschenden Hosen vor ihm erscheinen, nachdem man ihnen die Gürtel abgenommen hat; sie dürfen sich keinen Verteidiger wählen und haben keine Chance, das bereits feststehende Urteil zu verändern. Allein im Jahr 1944 werden von diesem »Blutgericht« unter der Leitung Freislers 2.097 Todesurteile gefällt.

Bereits am 7. und 8. August findet der erste Schauprozess statt. Generalfeldmarschall Erwin von Witzleben ist der ranghöchste Angeklagte, mit ihm werden sieben weitere Militärs verurteilt und am selben Tag in Plötzensee hingerichtet. Am 10. August folgt der zweite Prozess, der mit fünf Todesurteilen endet, darunter auch für Berthold Schenk Graf von Stauffenberg, den Bruder des Attentäters. Vom 15. August bis zum 29. September werden weitere 36 Todesurteile ausgesprochen. Kurz darauf folgen die Urteile gegen zivile Unterstützer des Umsturzversuchs, unter ihnen Carl Goerdeler, Julius Leber und Wilhelm Leuschner. Nach dem letzten Prozess Freislers am 2. Februar 1945 wird auch der Theologe Dietrich Bonhoeffer gehängt, dem Verbindungen zu den

Verschwörern nachgewiesen werden. Am nächsten Tag erfolgt ein Bombenangriff auf das Gebäude des Volksgerichtshofs, bei dem Freisler von einem herabstürzenden Balken erschlagen wird. Später wird auch Generaloberst Fritz Fromm hingerichtet. Es hat ihm also nichts genutzt, dass er Stauffenberg und seine Mitverschwörer erschießen ließ.

Die Angehörigen der Opfer werden, sofern sie nicht ohnehin in Sippenhaft sind, schändlich behandelt. Oft werden sie erst nach Wochen über die Hinrichtung informiert, sie verlieren all ihr Vermögen und Einkommen und dürfen nicht einmal eine Todesanzeige veröffentlichen.

Nach dem Krieg wird den Witwen und Kindern der Widerstandskämpfer lange Zeit die Anerkennung als Verfolgte oder eine Entschädigung verweigert. Erst in den 1990er-Jahren werden die Todesurteile für unrechtmäßig erklärt und aufgehoben. Keiner der Richter am Volksgerichtshof musste nach dem Ende des Dritten Reiches vor einem Gericht erscheinen.

Zeittafel

1918

9. Nov. Der Sozialdemokrat Philipp Scheidemann ruft die Republik aus, kurz darauf proklamiert Karl Liebknecht (Führer des kommunistischen Spartakusbundes) die Räterepublik. Kaiser Wilhelm II. dankt ab.

11. Nov. Mit dem Waffenstillstand zwischen Deutschland und Frankreich endet der Erste Weltkrieg. Er hat etwa neun Millionen Tote gefordert.

1919

15. Jan. Karl Liebknecht und Rosa Luxemburg (Gründer der KPD) werden von Soldaten ermordet, ihre Leichen im Berliner Landwehrkanal versenkt.

11. Feb. Friedrich Ebert (SPD) wird zum ersten Reichspräsidenten der Weimarer Republik gewählt und bleibt im Amt bis 1925.

28. Juni Unterzeichnung des Versailler Vertrags

11. Aug. Die Weimarer Nationalversammlung gibt Deutschland eine demokratisch-parlamentarische Verfassung.

1920

24. Feb. Gründung der NSDAP im Hofbräuhaus München

13.–17. März Kapp-Putsch, bei dem Berlin von einigen Freikorps besetzt und die Regierung zur Flucht gezwungen wird.

| 11. Mai | Erster Auftritt Hitlers als Redner der NSDAP in München |

1922

24. Juni	Reichsaußenminister Walther Rathenau wird von Nationalsozialisten ermordet.
31. Okt.	Mussolini erringt nach seinem Marsch auf Rom die Macht in Italien.
20. Dez.	Gründung der Sowjetunion

1923

11. Jan.	Französische und belgische Truppen besetzen das Ruhrgebiet. Es kommt zu Streiks und Anschlägen.
13. Aug.	Gustav Stresemann (DVP) wird neuer Reichskanzler.
9. Nov.	Hitlerputsch mit Marsch auf die Feldherrnhalle in München
11. Nov.	NSDAP und KPD werden vorübergehend verboten.

1924

| 4. Mai | Bei den Reichstagswahlen erringen die radikalen Parteien KPD und NSDAP erstmals starke Gewinne. |

1925

25. April	Paul von Hindenburg wird zum Reichspräsidenten gewählt.
18. Juni	Adolf Hitler veröffentlicht sein Buch »Mein Kampf«.
4. Nov.	Hitlers erste Rede in Braunschweig. In Bayern, Hamburg und Preußen sind Hitlerreden verboten.

1926

Aufnahme Deutschlands in den Völkerbund

1929

25. Okt.   Schwarzer Freitag an der New Yorker Börse, Beginn der Weltwirtschaftskrise

1930

29. März   Heinrich Brüning wird Reichskanzler.

18. Juli   Auflösung des Reichstags durch Hindenburg

1931

18. Okt.   Hitler demonstriert mit 100.000 Anhängern in Braunschweig.

1932

25. Feb.   Hitler wird deutscher Staatsbürger.

10. April   Hindenburg wird erneut zum Reichspräsidenten gewählt.

12. Sept.   Reichskanzler von Papen wird durch einen Misstrauensantrag gestürzt und der Reichstag durch Hindenburg aufgelöst.

3. Dez.   Kurt von Schleicher wird zum Reichskanzler berufen.

1933

30. Jan.   »Machtergreifung«: Hitler bildet eine so genannte Nationale Regierung aus Deutschnationalen und Nationalsozialisten.

27. Feb.   Brand des Reichstagsgebäudes. Repressalien, Verhaftungen, Aufhebung der Grundrechte sind die Folge.

5. März   Bei den Reichstagswahlen erhält die NSDAP 43,9 %.

21. März	»Tag von Potsdam« in der Garnisonkirche mit Hindenburg und Hitler
23. März	Verabschiedung des Ermächtigungsgesetzes
1. April	Tag des Boykotts jüdischer Geschäfte, Anwalts- kanzleien und Arztpraxen
1. Mai	Der 1. Mai wird als »Feiertag der nationalen Ar- beit« eingeführt.
2. Mai	Verbot der Gewerkschaften
10. Mai	Bücherverbrennung missliebiger Autoren auf dem Opernplatz in Berlin
19. Okt.	Austritt Deutschlands aus dem Völkerbund

1934

30. Juni	Röhm-Putsch, »Säuberung« der SA-Führung
25. Juli	Putschversuch von Nationalsozialisten in Öster- reich
2. Aug.	Die Reichswehr wird auf Adolf Hitler persönlich vereidigt.
19. Aug.	Die Ämter des Reichspräsidenten und des Reichskanzlers werden in der Person Hitlers ver- einigt.

1935

16. März	Wiedereinführung der allgemeinen Wehrpflicht
26. Juni	Für Männer zwischen 18 und 25 Jahren wird die Reichsarbeitsdienstpflicht eingeführt.
15. Sept.	Nürnberger Rassengesetze (»Gesetz zum Schutz des deutschen Blutes und der deutschen Ehre«)

1936

| 1. Jan. | Nur noch HJ-Mitglieder werden für die Be- amtenlaufbahn zugelassen. |

| 17. Juni | Mit einem Militärputsch durch General Franco beginnt der bis 1939 dauernde Spanische Bürgerkrieg. |
| 1. Dez. | Die Hitlerjugend HJ wird offiziell zur »Staatsjugend« erklärt. |

1938

1. Jan.	Jüdische Ärzte werden aus der Ersatzkassenpraxis ausgeschlossen, Juden dürfen keine Einzelhandelsgeschäfte und Handwerksbetriebe mehr betreiben.
29. Sept.	Münchener Abkommen
1. Okt.	Einmarsch der Wehrmacht in das Sudetenland
9. Nov.	»Reichskristallnacht«: Pogrom gegen Juden
12. Nov.	Abschluss der Arisierung (»Verordnung zur Ausschaltung der Juden aus dem deutschen Wirtschaftsleben«)

1939

1. Jan.	Die Namensänderungsverordnung für Juden tritt in Kraft.
23. Aug.	Hitler-Stalin-Pakt (Nichtangriffspakt zwischen Deutschland und der UdSSR)
1. Sept.	Einmarsch deutscher Truppen in Polen, Beginn des Zweiten Weltkriegs
3. Sept.	Kriegserklärung Frankreichs und Großbritanniens an das Deutsche Reich
4. Sept.	Auch für Frauen zwischen 18 und 25 Jahren wird die Reichsarbeitsdienstpflicht eingeführt.
8. Nov.	Missglücktes Attentat auf Hitler im Bürgerbräukeller durch Georg Elser

1940

9. April   Deutsche Truppen besetzen Dänemark und Norwegen

10. Mai   Beginn des »Blitzkriegs« und Besetzung der Niederlande, von Belgien und Luxemburg

12. Mai   Deutsche Truppen überschreiten die französische Grenze und besetzen am 14. Juni Paris.

14. Juni   Das Konzentrationslager Auschwitz-Birkenau wird eröffnet.

22. Juni   Im gleichen Eisenbahnwaggon wie 1918 wird der Waffenstillstand zwischen Frankreich und Deutschland unterzeichnet.

1941

6. April   Deutsche Truppen nehmen Jugoslawien ein.

10. Mai   Rudolf Heß fliegt nach Schottland, um Friedensverhandlungen mit Großbritannien aufzunehmen.

22. Juni   »Unternehmen Barbarossa«: Deutscher Überfall auf die Sowjetunion

7. Dez.   Japanischer Angriff auf Pearl Harbor, Eintritt der USA in den Zweiten Weltkrieg

11. Dez.   Deutschland und Italien erklären den USA den Krieg.

19. Dez.   Hitler übernimmt den Oberbefehl über das Heer.

1942

2. Jan.   Die sowjetische Armee durchbricht die Ostfront.

20. Jan.   Wannseekonferenz: Besprechung über die »Endlösung der Judenfrage« unter Beteiligung von Heydrich und Eichmann

18. Aug.	Mitglieder der Gruppe um Herbert Baum werden hingerichtet.
19. Nov.	Beginn der Gegenoffensive der Roten Armee in der Schlacht um Stalingrad, die zur Niederlage der deutschen Truppen führen wird.
	Gründung der Widerstandsgruppe »Weiße Rose«.

1943

14. Jan.	Bei der Casablanca-Konferenz legen die Westalliierten die bedingungslose Kapitulation Deutschlands, Italiens und Japans als Kriegsziele fest.
2. Feb.	Die deutsche 6. Armee kapituliert in Stalingrad. 90.000 Soldaten kommen in sowjetische Gefangenschaft.
16. Feb.	Mildred Harnack-Fish wird hingerichtet.
18. Feb.	NS-Propagandaminister Joseph Goebbels fordert in einer Rede im Berliner Sportpalast den »totalen Krieg«.
22. Feb.	Sophie und Hans Scholl sowie Christoph Probst werden als Mitglieder der »Weißen Rose« hingerichtet.
27. Feb.	Protest in der Rosenstraße gegen die Deportation von Juden aus Berlin
19. April	Aufstand im Warschauer Ghetto
10. Juli	Landung der Alliierten auf Sizilien

1944

	Verstärkte Luftangriffe auf Berlin und andere deutsche Städte
4. März	Beginn der Frühjahrsoffensive der Roten Armee

6. Juni	Aufstand der Sinti und Roma im KZ Auschwitz-Birkenau
6. Juni	»D-Day«: Invasion der Alliierten in der Normandie
12. Juni	Die deutsche Luftwaffe beschießt London mit der Rakete V1.
20. Juli	Gescheitertes Attentat auf Hitler durch Stauffenberg
23. Juli	Das KZ Majdanek wird durch die Rote Armee als erstes Vernichtungslager befreit.
1. Aug.	Warschauer Aufstand
23. Sept.	Jugendliche und Senioren werden zum Wehrdienst im »Volkssturm« herangezogen.
10. Okt.	Die Rote Armee erreicht die deutsche Grenze in Ostpreußen.
10. Nov.	Der Edelweißpirat Bartholomäus Schink wird ermordet.

1945

27. Jan.	Befreiung des KZ Auschwitz durch die Rote Armee
2. Feb.	Carl Friedrich Goerdeler wird hingerichtet.
9. April	Georg Elser wird ermordet.
30. April	Die Rote Armee hisst die sowjetische Fahne auf dem Reichstag in Berlin.
30. April	Adolf Hitler begeht Selbstmord.
8. Mai	Bedingungslose Kapitulation der deutschen Wehrmacht, Ende des Zweiten Weltkriegs in Europa
17. Juli– 2. Aug.	Konferenz von Potsdam über das besiegte Deutschland

6. Aug.	Abwurf der ersten Atombombe über Hiroshima mit 20.000 Toten (9. Aug.: zweite Atombombe über Nagasaki)
15. Aug.	Bedingungslose Kapitulation Japans
14. Nov.	Beginn der Nürnberger Kriegsverbrecherprozesse

Bibliographie

Benz, Wolfgang und Pehle, Walter H. (Hrsg.): Lexikon des deutschen Widerstandes. Frankfurt am Main: Fischer Taschenbuch Verlag 1999

Breinersdorfer, Fred (Hrsg.): Sophie Scholl – Die letzten Tage. Frankfurt am Main: Fischer Taschenbuch Verlag 2005

Brysac, Shareen Blair: Mildred Harnack und die Rote Kapelle. Bern: Scherz Verlag 2003

Fest, Joachim: Staatsstreich. Der lange Weg zum 20. Juli. Berlin: Wolf Jobst Siedler Verlag 1994

Gedenkstätte Deutscher Widerstand: Ausstellung Widerstand gegen den Nationalsozialismus. Begleitmaterialien. Loseblattsammlung. Berlin o. J.

Goeb, Alexander: Er war sechzehn, als man ihn hängte. Das kurze Leben des Widerstandskämpfers Bartholomäus Schink. Reinbek: Rowohlt Taschenbuch Verlag 1981

Göbel, Katy: Swing und Widerstand im Nationalsozialismus. Wuppertal: Examensarbeit Fachhochschule Wuppertal 1997 (auch auf Datenträger erhältlich bei www. return2style.de)

Haasis, Helmut G.: »Den Hitler jag' ich in die Luft«. Der Attentäter Georg Elser. Reinbek: Rowohlt Taschenbuch Verlag 2001

Knopp, Guido: Hitler – Eine Bilanz. München: Goldmann Verlag 2005

Knopp, Guido: Sie wollten Hitler töten. Die deutsche Widerstandsbewegung. München: Bertelsmann Verlag 2004

Krockow, Christian Graf von: Eine Frage der Ehre. Stauffenberg und das Hitler-Attentat vom 20. Juli 1944. Reinbek: Rowohlt Taschenbuch Verlag 2004

Löhken, Wilfried und Werner Vathke (Hrsg.): Juden im Widerstand. Drei Gruppen zwischen Überlebenskampf und politischer Aktion, Berlin 1939-1945. Berlin: Edition Hentrich 1993

Meyer-Krahmer, Marianne: Carl Goerdeler – Mut zum Widerstand. Leipzig: Leipziger Universitätsverlag 1998

Oeffler, Hans Joachim u.a. (Hrsg.): Martin Niemöller. Ein Lesebuch. Köln: Pahl-Rugenstein Verlag 1987

Ortner, Helmut: Der einsame Attentäter. Der Mann, der Hitler töten wollte. Göttingen: Steidl Verlag 1993

Paucker, Arnold: Deutsche Juden im Widerstand 1933–1945. Tatsachen und Probleme. Berlin: Gedenkstätte Deutscher Widerstand, 2. Auflage 1999

Peukert, Detlef: Die Edelweißpiraten. Protestbewegung jugendlicher Arbeiter im Dritten Reich. Eine Dokumentation. Köln 1980

Reich, Ines: Carl Friedrich Goerdeler. Ein Oberbürgermeister gegen den NS-Staat. Köln u.a.: Böhlau Verlag 1997

Reich, Ines: Potsdam und der 20. Juli 1944. Auf den Spuren des Widerstandes gegen den Nationalsozialismus. Freiburg im Breisgau: Rombach Verlag 1994

Schad, Martha: Frauen gegen Hitler. Schicksale im Nationalsozialismus. München: Heyne Verlag 2002

Scheer, Regina: Im Schatten der Sterne. Eine jüdische Widerstandsgruppe. Berlin: Aufbau-Verlag 2004

Scholl, Inge: Die Weiße Rose. Frankfurt am Main: Fischer Taschenbuch Verlag, 11. Auflage 2005

Steinbach, Peter: Der 20. Juli 1944. Gesichter des Widerstands. München: Siedler Verlag 2004

Steinbach, Peter und Johannes Tuchel: Georg Elser und das Attentat vom 8. November 1939. Eine Dokumentation. Katalog zur Ausstellung. Berlin: Gedenkstätte Deutscher Widerstand 1997

Vinke, Hermann: Das kurze Leben der Sophie Scholl. Ravensburg: Ravensburger Buchverlag 1997

Vinke, Hermann: Fritz Hartnagel. Der Freund von Sophie Scholl. Zürich: Arche-Verlag 2005

Weiss, Peter: Die Ästhetik des Widerstands. Frankfurt am Main: Suhrkamp Verlag 1988 (edition suhrkamp 1501)

Weiß, Hermann (Hrsg.): Biographisches Lexikon zum Dritten Reich. Frankfurt am Main: S. Fischer Verlag 2000

Wippermann, Wolfgang: Die Berliner Gruppe Baum und der jüdische Widerstand. Berlin: Gedenkstätte Deutscher Widerstand 2001 (Informationszentrum Berlin: Beiträge zum Widerstand Nr. 19)

Weitere Quellen

Die Gedenkstätte Deutscher Widerstand (GDW) befindet sich am historischen Ort des Umsturzversuches vom 20. Juli 1944 im ehemaligen Oberkommando des Heeres. Seit 1953 ist der Ehrenhof ein Ort der Erinnerung an den Widerstand gegen den Nationalsozialismus. Die ständige Ausstellung präsentiert mit über 5.000 Fotos und Dokumenten die gesamte Breite und Vielfalt des Kampfes gegen das NS-Regime. Die Gedenkstätte will zeigen, wie sich einzelne Menschen und Gruppen unterschiedlicher Weltanschauung gegen die nationalsozialistische Diktatur gewehrt haben.

Gedenkstätte Deutscher Widerstand, Stauffenbergstraße 13-14, 10785 Berlin
Internet: www.gdw-berlin.de
E-Mail: info@gdw-berlin.de
Öffnungszeiten: Mo bis Mi, Frei 9-18 Uhr, Do 9-20 Uhr, Sa, So und an Feiertagen 10-18 Uhr. Eintritt frei

Quellenverzeichnis

Carl Friedrich Goerdeler

1 Böggemann, Josef: Festschrift Goerdeler-Gymnasium Paderborn 1967-1992. Paderborn 1992, S. 11
2 Meyer-Krahmer, Marianne: Carl Goerdeler – Mut zum Widerstand. Leipzig: Leipziger Universitätsverlag 1998, S. 271
3 ebd., S. 30-31
4 ebd., S. 35
5 ebd., S. 48-49
6 ebd., S. 50
7 Reich, Ines: Carl Friedrich Goerdeler. Ein Oberbürgermeister gegen den NS-Staat. Köln u.a.: Böhlau Verlag 1997, S. 102
8 ebd., S. 114
9 ebd., S. 126
10 ebd., S. 132
11 Meyer-Krahmer: Carl Goerdeler, a.a.O., S. 139-140
12 Reich: Carl Friedrich Goerdeler, a.a.O., S. 258
13 ebd., S. 269
14 ebd., S. 271-272
15 Meyer-Krahmer: Carl Goerdeler, a.a.O., S. 241-242
16 ebd., S. 243
17 ebd., S. 246
18 ebd., S. 272
19 ebd., S. 277

Georg Elser

1 Ortner, Helmut: Der einsame Attentäter. Der Mann, der Hitler töten wollte. Göttingen: Steidl Verlag 1993, S. 87
2 Gründler, Gerhard E.: Was trieb Hitler zum Putsch? Textfassung der Hörfunksendung auf NDR 4 vom 9. 11. 1990
3 ebd.
4 Haasis, Helmut G.: »Den Hitler jag' ich in die Luft«. Der Attentäter Georg Elser. Reinbek: Rowohlt Taschenbuch Verlag 2001, S. 165
5 Ortner: Der einsame Attentäter, a.a.O., S. 127-128

6 ebd., S. 131

7 Gedenkstätte Deutscher Widerstand (GDW): Protokoll der Gestapo-Vernehmung von Georg Elser, Blatt 106-107

8 ebd., Blatt 115-116

9 Ortner: Der einsame Attentäter, a.a.O., S. 166

10 ebd., S. 189

11 ebd., S. 186

12 GDW: Meldung des Zollassistenten Xaver Rieger vom 15. Dezember 1939

13 Knopp, Guido: Hitler – eine Bilanz. München: Goldmann Verlag 2005, S. 37

14 Ortner: Der einsame Attentäter, a.a.O., S. 32

15 ebd., S. 34

16 Völkischer Beobachter, Berliner Ausgabe, 9. 11. 1939

17 GDW: Erster Bericht des Münchener Polizeipräsidenten, 9. November 1939

18 Völkischer Beobachter, Berliner Ausgabe, 22. 11. 1939

19 In dem Brief wird Elser fälschlich Eller genannt.

20 GDW: Schreiben des Chefs der Geheimen Staatspolizei vom 5. April 1945

Geschwister Scholl

1 Schad, Martha: Frauen gegen Hitler. Schicksale im Nationalsozialismus. München: Heyne Verlag 2002, S. 341

2 Vinke, Hermann: Das kurze Leben der Sophie Scholl. Ravensburg: Ravensburger Buchverlag 1997, S. 33-34

3 Gedenkstätte Deutscher Widerstand (GDW): Begleitmaterialien zur Ausstellung »Widerstand gegen den Nationalsozialismus«, 16.2 R

4 Vinke, Hermann: Fritz Hartnagel. Der Freund von Sophie Scholl. Zürich: Arche-Verlag 2005, S. 43

5 Chaussy, Ulrich: Biographische Notizen. In: Breinersdorfer, Fred (Hrsg.): Sophie Scholl – Die letzten Tage. Frankfurt am Main: Fischer Taschenbuch Verlag 2005, S. 115

6 Überschär, Gerd R.: Die Vernehmungsprotokolle von Mitgliedern der Weißen Rose. In: Breinersdorfer: Sophie Scholl, a.a.O., S. 365

7 Schad: Frauen gegen Hitler, a.a.O., S. 313

8 ebd., S. 308

9 Vinke: Hartnagel, a.a.O., S. 92

10 GDW: Begleitmaterialien, a.a.O., 24.6 F

11 ebd.

12 Vinke: Das kurze Leben, a.a.O., S. 114-116

13 Schad: Frauen gegen Hitler, a.a.O., S. 307

14 GDW: Begleitmaterialien, a.a.O., 16.4 F

15 ebd., 16.5 F

16 ebd., 16.7 F

17 Vinke: Das kurze Leben, a.a.O., S. 124

18 Vinke: Hartnagel, a.a.O., S. 113

19 Scholl, Inge: Die Weiße Rose. Frankfurt am Main: Fischer Taschenbuch Verlag, 11. Auflage 2005, S. 48

20 GDW: Begleitmaterialien, a.a.O., 16.8 F

21 Schad: Frauen gegen Hitler, a.a.O., S. 321-322

22 GDW: Begleitmaterialien, a.a.O., 16.9 F

23 Scholl: Die Weiße Rose, a.a.O., S. 168

24 Breinersdorfer: Sophie Scholl – Die letzten Tage. Frankfurt am Main: Fischer Taschenbuch Verlag 2005, S. 48-49

25 Schad: Frauen gegen Hitler, a.a.O., S. 305

26 Scholl: Die Weiße Rose, a.a.O., S. 64

27 Schad: Frauen gegen Hitler, a.a.O., S. 340

Swing-Jugend und Edelweißpiraten. Bartholomäus Schink

1 Knopp, Guido: Hitler – Eine Bilanz. München: Goldmann Verlag 2005, S. 84

2 ebd., S. 85

3 Diese Gruppe ist ein Ableger der Bündischen Jugend und wurde am 1. November 1929 unter dem Namen »Deutsche Jugendschaft vom 1. 11.« mit der Abkürzung »d. j. 1.11.« gegründet; sie steht in der Tradition der Wandervogel-Bewegung.

4 Document Center Berlin: Schreiben der Staatspolizeistelle Leipzig vom 9. Mai 1938

5 Sofortaktion gegen Swing-Jugend, 18. August 1941. Institut für Zeitgeschichte, München Ma 667, Bl. 5484203-204

6 Göbel, Katy: Swing und Widerstand im Nationalsozialismus. Wuppertal: Examensarbeit Fachhochschule Wuppertal 1997, S. 47-48

7 ebd., S. 51

8 ebd., S. 50

9 ebd., S. 51

10 ebd., S. 52

11 Plutokratie: Herrschaft der Reichen. Als Plutokraten wurden gerne die Amerikaner von den Nazis bezeichnet, vielleicht, weil man den von den Marxisten besetzten Begriff »Kapitalisten« meiden wollte.

12 Göbel: Swing und Widerstand, a.a.O., S. 69

13 ebd.

14 ebd., S. 109

15 Goeb, Alexander: Er war sechzehn, als man ihn hängte. Das kurze Leben des Widerstandskämpfers Bartholomäus Schink. Reinbek: Rowohlt Taschenbuch Verlag 1981, S. 9

16 ebd., S. 30-31

17 Bundesarchiv Koblenz R 22/1177, Bd. 4. Folgeband 5, Bl. 318-319

18 Goeb: Er war sechzehn, a.a.O., S. 70-71

19 ebd., S. 61

20 ebd., S. 130-131

21 Kellerhoff, Sven K.: Jugendlicher Widerstand. Zur posthumen Ehrung der Kölner »Edelweißpiraten«. In: Die Welt vom 16. Juni 2005

Herbert Baum

1 Scheer, Regina: Im Schatten der Sterne. Eine jüdische Widerstandsgruppe. Berlin: Aufbau-Verlag 2004, S. 197

2 Löhken, Wilfried und Werner Vathke (Hrsg.): Juden im Widerstand. Drei Gruppen zwischen Überlebenskampf und politischer Aktion, Berlin 1939-1945. Berlin: Edition Hentrich 1993, S. 119

3 Scheer: Im Schatten der Sterne, a.a.O., S. 237-238

4 ebd., S. 245

5 Wippermann, Wolfgang: Die Berliner Gruppe Baum und der jüdische Widerstand. Berlin: Gedenkstätte Deutscher Widerstand 2001 (Informationszentrum Berlin: Beiträge zum Widerstand Nr. 19), S. 8

6 ebd.

Mildred Harnack-Fish

1 Brysac, Shareen Blair: Mildred Harnack und die Rote Kapelle. Bern: Scherz Verlag 2003, S. 86
2 ebd., S. 113
3 ebd., S. 119
4 ebd., S. 123
5 ebd., S. 135
6 ebd., S. 163
7 ebd., S. 172
8 ebd., S. 200
9 Weiss, Peter: Die Ästhetik des Widerstands. Frankfurt am Main: Suhrkamp Verlag 1988 (edition suhrkamp 1501), Band 3, S. 184
10 Brysac: Mildred Harnack, a.a.O., S. 374-375
11 Gedenkstätte Deutscher Widerstand (GDW): Ausstellung Widerstand gegen den Nationalsozialismus. Begleitmaterialien. Loseblattsammlung. Berlin o. J., Blatt 17.6 F
12 Benz, Wolfgang und Pehle, Walter H. (Hrsg.): Lexikon des deutschen Widerstandes. Frankfurt am Main: Fischer Taschenbuch Verlag 1999, S. 281
13 Schad, Martha: Frauen gegen Hitler. Schicksale im Nationalsozialismus. München: Heyne Verlag 2002, S. 242
14 GDW: Die Rote Kapelle. In: www.gdw-berlin.de

Martin Niemöller

1 Oeffler, Hans Joachim u.a. (Hrsg.): Martin Niemöller. Ein Lesebuch. Köln: Pahl-Rugenstein Verlag 1987, S. 7
2 ebd., S. 26
3 ebd., S. 29
4 »Vom U-Boot zur Kanzel« lautet auch der Titel eines Buches, das Niemöller 1934 veröffentlicht und das mit mehr als 90.000 verkauften Exemplaren sehr erfolgreich ist.
5 Oeffler: Martin Niemöller, a.a.O., S. 73
6 ebd., S. 84
7 ebd., S. 85
8 ebd.

9 Richardi, Hans Günter: SS-Geiseln in der Alpenfestung. Die Verschleppung prominenter KZ-Häftlinge aus Deutschland nach Südtirol. Bozen: Edition Raetia 2005, S. 170-171

10 Erklärung des Rates der Evangelischen Kirche in Deutschland gegenüber den Vertretern des Ökumenischen Rates der Kirchen vom 19. Oktober 1945, zitiert nach: Michaelis, H. und Schrapler, E. (Hrsg.): Ursachen und Folgen. Vom deutschen Zusammenbruch 1918 und 1945 bis zur staatlichen Neuordnung Deutschlands in der Gegenwart, Bd. 23, Berlin o. J., S. 307 f.

Claus Schenk Graf von Stauffenberg

1 Krockow, Christian Graf von: Eine Frage der Ehre. Stauffenberg und das Hitler-Attentat vom 20. Juli 1944. Reinbek: Rowohlt Taschenbuch Verlag 2004, S. 25

2 ebd.

3 Langer, Fred: Der Mann, der Deutschland retten wollte. In: stern online

4 Krockow: Eine Frage der Ehre, a.a.O., S. 38-39

5 Langer, Der Mann, der Deutschland retten wollte, a.a.O.

6 ebd.

7 ebd.

8 Krockow: Eine Frage der Ehre, a.a.O., S. 78-79

9 Langer: Der Mann, der Deutschland retten wollte, a.a.O.

10 Krockow: Eine Frage der Ehre, a.a.O., S. 94

11 Gedenkstätte Deutscher Widerstand: Ausstellung Widerstand gegen den Nationalsozialismus. Begleitmaterialien. Loseblattsammlung. Berlin o. J., Blatt 11.1

12 Langer: Der Mann, der Deutschland retten wollte, a.a.O.

13 Krockow: Eine Frage der Ehre, a.a.O., S. 108

14 Knopp, Guido: Sie wollten Hitler töten. Die deutsche Widerstandsbewegung. München: Bertelsmann Verlag 2004, S. 122

15 ebd., S. 133

16 Krockow: Eine Frage der Ehre, a.a.O., S. 112

17 coûte que coûte: koste es, was es wolle

18 Krockow: Eine Frage der Ehre, a.a.O., S. 119

19 ebd., S. 134

20 ebd., S. 143

21 Fest, Joachim: Staatsstreich. Der lange Weg zum 20. Juli. Berlin: Wolf Jobst Siedler Verlag 1994, S. 280
22 ebd., S. 291
23 Steinbach, Peter: Der 20. Juli 1944. Gesichter des Widerstands. München: Siedler Verlag 2004, S. 306–307

Bildnachweis

(1–12), (14–16) Gedenkstätte Deutscher Widerstand; (13) ullstein bild – Archiv Gerstenberg